农业实用技术类

番茄新品种和关键栽培技术

高振华 编著

中国劳动社会保障出版社

图书在版编目（CIP）数据

番茄新品种和关键栽培技术/高振华编著. —北京：中国劳动社会保障出版社，2010

农业实用技术类

ISBN 978-7-5045-8539-4

Ⅰ. ①番…　Ⅱ. ①高…　Ⅲ. ①番茄-优良品种②番茄-蔬菜园艺　Ⅳ. ①G641.2

中国版本图书馆 CIP 数据核字（2010）第 164361 号

中国劳动社会保障出版社出版发行

（北京市惠新东街 1 号　邮政编码：100029）

出 版 人：张梦欣

*

北京谊兴印刷有限公司印刷装订　新华书店经销

787 毫米×1092 毫米　32 开本　8.125 印张　164 千字

2010 年 8 月第 1 版　　2011 年 8 月第 2 次印刷

定价：17.00 元

读者服务部电话：010-64929211/64921644/84643933

发行部电话：010-64961894

出版社网址：http://www.class.com.cn

内容简介

本书是农业实用技术丛书中的一种。主要内容包括正确认识和选用番茄品种，我国目前可供选用的各类优质丰产番茄最新品种，番茄的各种栽培方式及关键栽培技术，番茄工厂化育苗及无土栽培等高新栽培技术，番茄病虫害防治，采种制种技术，番茄采收、分级包装和运输储藏等。

本书紧密结合生产实际问题和关键生产技术组织内容，实用性强，可为种植番茄的广大农民朋友提供具体的生产指导，也可作为农业技术人员的参考用书。

目录

第一章 概 述

番茄又名西红柿、洋柿子、番柿等，原产于南美秘鲁、厄瓜多尔、玻利维亚等地。我国把番茄作为蔬菜栽培是从20世纪20年代初开始的，直到50年代后才逐渐被认识并快速发展。到2006年我国番茄种植面积已达1 252余万亩（1亩＝666.7平方米），成为我国主要蔬菜之一。

通过种植番茄，发展番茄产业致富的例子比比皆是，例如，原是地道农民的王建华，曾是海军优秀潜水员，复员后的唐树发，科班出身自主创业的李晓东都是靠种植、培育番茄起家，成为著名民营企业家。因此，种植番茄可作为广大农民朋友发家致富的一个途径。

§1—1 种植番茄的好处

一、番茄营养丰富，味道鲜美

在4.3%～7.7%的番茄干物质中含糖分1.8%～5.0%、柠檬酸0.15%～0.75%、蛋白质0.7%～13%、纤维素0.6%～1.6%、矿物质0.5%～0.8%、果胶物质1.3%～2.5%。番茄中含有多种维生素，如维生素A、维生素B_1、维生素B_2和维生素C，其中维生素C达每100克鲜果含20～25毫克。此外，番茄中还含有钙、磷、钾、钠、镁等人体必需的矿物质。每人每天只要吃一个100～150克的番茄就基本能满足人体对维生素和矿物质的需求。特别是丰富的番茄红素具有很强的抗氧化能力，能控制肿瘤增殖和减缓动脉硬化形成，增强人体免疫力，延缓衰老等，是理想的保健功能食品。

二、用途广泛

番茄鲜食可当水果，熟食可做成多种菜品，加工可做成番茄汁、番茄酱、番茄粉、番茄脯、番茄酒等，深加工还可提取番茄红素等，番茄加工产品已经成为我国内销和外贸出口的主产品之一。

优美的外形，特别是色彩斑斓、形状各异的微型番茄，更是餐桌上的诱人佳品。盆景番茄更是美化环境，用做观赏的花卉。

三、出口贸易大户

番茄是三大世界性贸易蔬菜之一。近几十年来，世界上番茄产业贸易迅速增长。1994—2006 年世界出口贸易总额由 41 亿美元增长到 80 亿美元，翻了近一番。2008 年我国番茄产品进出口总额达 8.54 亿美元，番茄产业也成为全球之冠，为我国获取了宝贵的外汇，活跃了经济，促进了就业，取得了巨大的经济和社会效益。

四、适应性广，产量产值高，栽培较易成功

番茄适于在全国各地进行露地、保护地、无土栽培等，通过南北运输交流，能实现周年供应。目前，亩产已达 1.8 万～2 万千克，有的亩产值可达 2 万～4 万元，是种植产业调整、开发的首选项目之一。

§1—2　番茄的分类

番茄属于茄科番茄属，其中又有若干变种、品种和类型。认识番茄的分类，对番茄栽培、育种及遗传学研究等都具有重要意义。番茄的分类方法有多种，下面介绍前苏联波列日涅夫分类和园艺学分类方法。

一、前苏联波列日涅夫分类

番茄属分 3 个种，如图 1—1 所示。

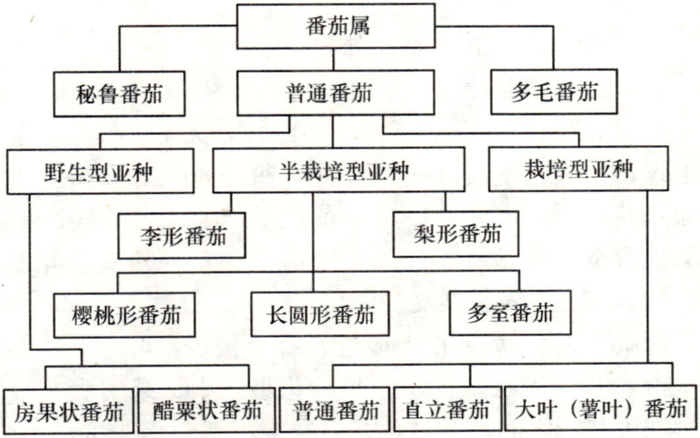

图 1—1　番茄属的主要种、亚种、变种分类系统图

1. 秘鲁番茄。秘鲁番茄茎细软匍匐，着生短密白色茸毛，叶缺刻深，有托叶。总状花序，每序 6～12 朵，基部有苞片，花冠为橙黄色，长柱头。果实圆形，直径 1～2 厘米，2 心室，未熟果绿色，成熟后为黄色并带紫红色条纹，种子

极小而多，无毛。结果期要求短日照。与普通番茄只能做父本杂交。含抗病基因极多，如含 TM1、TM2、TM2ᵃ 和抗叶霉病、枯萎病、生理小种 3、根结线虫等的抗病基因。

2. 多毛番茄。多毛番茄植株高大，直立性强，枝多而脆，密布长而淡黄色茸毛并夹杂短黄茸毛，腺毛发达，味极臭。叶大裂深，有托叶，每序花 10～15 朵，花瓣呈黄色，雌雄蕊等长，果实圆形，径长 1.5～2.5 厘米，绿白色。种子小，暗褐色。适合 8～12 小时短光照。自交不亲和，可与普通番茄杂交。含 TM1 及抗褐色根腐病、溃疡病的抗病基因，是选育抗病、抗寒、适合温室秋冬栽培和含高胡萝卜素品种的较好素材。

3. 普通番茄。普通番茄分为 3 个亚种。

（1）野生型亚种。野生型亚种又分为 2 个变种。

1）醋粟状番茄。茎蔓性，多分枝，无毛。叶小，裂片近圆形，单式花序长 20～40 厘米，每序 30～40 朵花，花萼极小，花柱短。果实小，红或黄色，2 心室。种子小而多，干物质含量高达 8%～10%。抗枯萎病、青枯病、叶霉病等，与栽培品种极易杂交。

2）房果状番茄。植株蔓性，茸毛极少。叶小到中，叶面平滑，叶缘齿状。花序中长，花小到中。果实大小介于樱桃与大醋粟之间，果红色，是选育根系强大、抗旱力强、高干物质含量、高含糖量品种的优良素材。

（2）半栽培型亚种。半栽培型亚种分成 5 个变种。

1）樱桃形番茄。茎半蔓性，生长势强，茎高可达 3 米。单式或复式花序，果实圆形，红或黄色，2～3 心室。种子小，心脏形，有茸毛，是选育果实品质高、风味好、抗病（对 CMV 抗性也强）的鲜食及加工番茄的好素材。

2）梨形番茄。茎直立或半蔓性，有较长茸毛。单式花序，花数较少，短花柱。果实洋梨形，2 心室，果色有红、粉红、黄色。种子中小，心脏形，有茸毛。与栽培种杂交，后代在果形、果色、抗性方面都有较大分离，可供育种选择。

3）李形番茄。株势中等，叶中大，裂片较深。果实重 15～20 克，果形高圆，红色、黄色，种子少。

4）长圆形番茄。生长势中等，直立或半蔓性，多单式花序，果形长圆，有红、粉红、金黄色。可鲜食或加工，是培育干物质含量高、耐瘠、适应性强品种的好素材。

5）多室番茄。茎高 90～110 厘米，多分枝。叶大，色浅绿带黄，花序长，果数多，花柱略长。果实重 30～40 克，扁圆形，外表多棱，多心室，红色，含高糖、高酸、高干物质。

（3）栽培型亚种。栽培型亚种分为 3 个变种。

1）普通番茄。普通番茄株型分无限生长型和自封顶型，体表有长短不等的茸毛和腺毛，果实大小、形状、颜色、成熟期等变化较大，通常栽培的番茄品种多属此类。

2）大叶番茄。大叶番茄也称马铃薯叶形番茄，叶大、裂片少而全缘。其他与普通番茄相近。如农大 23 号、农大 24 号就属此类。

3）直立番茄。植株生长健壮，茎直立，茎粗，节短，叶大而浓绿，分枝较少。其他与普通番茄相近，栽培上可密植，省架材。如齐研矮粉就属此类。

二、普通栽培番茄常用的园艺学分类方法

园艺学分类方法是从叶形、果实大小、颜色等不同的

角度来分类的。如按株型分可分为无限生长型、有限生长型（包括自封顶、高封顶）。按叶形分可分为普通叶（花叶）、薯叶（大叶）、皱缩叶（多为直立番茄）、特殊的芹叶（整株叶片全为长柄三裂叶，能自交遗传，与普通叶番茄杂交二代分离出普通叶、薯叶、芹叶和单叶四种）和单叶番茄（整株叶片为长叶柄全缘叶片，似菠菜状）等。按果实大小分可分为大果型（150～200 克）、中果型（100～150 克）、小果型（40～100 克）、大樱桃型（25～40 克）、樱桃型（4～25 克）、野生型（4 克以下）等。按颜色分可分为红色果、粉红色果、橙黄果、鲜黄（橘黄）果和浅黄果等。园艺学分类对区分栽培品种、鉴别商品果的质量等都十分实用。

第二章

番茄的植物学特征和生物学特性

§2—1 番茄的植物学特征

番茄的植株如图2—1所示。

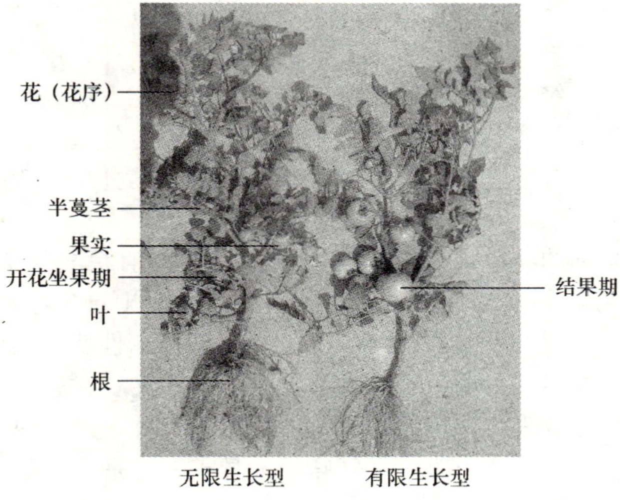

图2—1 番茄植株

一、根大叶裂半蔓性

番茄在良好的条件下，根系强大，又深又广。初期主根生长较快，番茄苗出土后20天，展开第2片真叶时主根可长达50厘米，以后分生出许多侧根和不定根，主根发展变慢，定植后 58 天的番茄根深达 120 厘米，根幅 210 厘米。番茄一生的根深可达 1.5～2 米，根幅可达 1.5～2.5 米，形成强大的根系吸收网，生长盛期的根，每天可长 3～7.5 厘米，吸收水肥能力很强。但不同亚种、品种、栽培技术和土壤条件都对根系有很大的影响。在实际栽培中，由于密植和整枝后根系大减，主要吸收根系一般分布在 50 厘米深的耕作层内。

番茄断根后容易愈合并增生许多侧根，断根反应良好。番茄产生不定根的能力也很强，耐旱耐瘠好成活。番茄的枝杈也能扦插生根，可用扦插育苗法栽培番茄。用此法栽培番茄，结果早、生长势强，对增产有利。番茄生长过程中出现的许多问题都始于根系，所以，如何创造番茄根系发展的良好环境，使之有利于吸收水分、养分，并能减轻病害和疯秧，对番茄丰产关系重大。

番茄的叶片是有缺刻的花叶，为奇数羽状全裂单叶，叶形变化多样。在栽培上常用的有普通花叶和薯叶两种，薯叶对普通花叶是隐性，可以作为苗期指示性状。番茄的叶及全身多数有毛，茸毛番茄特别明显，又长又密，对避蚜有良好效果。番茄的毛有刚毛和腺毛两种，腺毛内充满挥发性物质，有一股特殊气味。全身布毛也是番茄较耐干燥的生态特征之一。

二、果穗分层枝杈多

番茄的茎蔓属半蔓性，一般都需支架。也有直立番茄，但一般果小、品质差。无支架番茄有专用品种，省工、省材、有利机械操作是其最大的特点。

无限生长类型的番茄顶端优势强，顶芽成花，其下第 1

侧枝特别发达，形成合轴式主茎，向上生长，一般中、晚熟高秧品种每隔 3 叶形成一个花序，果穗分层很有规律。自封顶类型的番茄也是合轴分枝，但由于顶端优势较弱，几个侧枝同时生长，叶量较小，多数一叶一花序，开花坐果集中，长到一定程度则新侧枝无力伸出，自行封顶。自封顶类型番茄在优良条件下也会继续生长，成为很高大的植株。番茄只要在适宜的生长条件下生长，就不会有病害，可多年生长，在温室中可长到 10～30 穗。日本曾用水培法在温室中用电子计算机控制番茄最适生长条件，水平放任栽培一株番茄能结 12 000 多个果实。由于自然条件的限制，在我国北方春露地栽培，一般长到 5 穗以上就结果不良。由于果穗分层，所以可用打杈的办法控制生长期。番茄每个叶腋都可以发生 1 到数次分枝，在普通栽培中，若任其生长就会使茎叶疯长，致使田间郁闭、不通风透光，造成落花落果，使番茄秧果关系失去平衡。如何正确调节秧果关系也是栽培的关键之一，及时合理地整枝打杈是调节秧果关系的重要措施。

番茄的每个花序也是合轴分枝式的总状花序，由大至小按出现先后顺序排列。番茄的第几花序第几朵花都能明确分清，开花顺序一般也是先出现的花序先开花，每个花序的花数因品种和环境条件而变异很大，一般栽培的品种为 3～10 朵，但也有一个花序只着生一朵花的单花番茄和一个花序着生几十朵甚至上百朵的大型花序。花序分枝方式，除单花番茄外，分各花组成一个主轴花枝的单式花序和各花分别组成两个主轴花枝的双歧花序及两个以上主轴花枝的多歧花序。

番茄是两性花，由花萼、花冠（花瓣）、雄蕊和雌蕊四部分组成，每朵花由花柄节着生在花序上（也有无花柄节的类型），不能正常受精结实的花会在花柄节上产生离层自行从花序上脱落。花萼一般由5～6个披针形萼片组成，花萼的下部连在一起，托生上位子房，花萼直至果实成熟不会自行脱落，所以可用去掉两片花萼的办法做杂交果的标记。花冠一般5～6枚，下部连在一起，着生在紧靠花萼的内侧基部。随着花冠开张，花的颜色由浅绿变浅黄、鲜黄和深黄。番茄的雄蕊一般5～6枚是聚药雄蕊，连在一起成为药筒，着生在花冠内侧底部，每个花药由两室组成，内藏花粉，每室有一条纵缝，花药成熟后纵缝自然开裂散出花粉，花的颜色随着花药的成熟由绿变黄至深黄。雌蕊由柱头、花柱、子房组成。随花朵的开放，柱头逐渐伸长，当花朵开放时，花柱柱头通过正在散粉的药筒，而自行授粉结实，如图2—2所示。

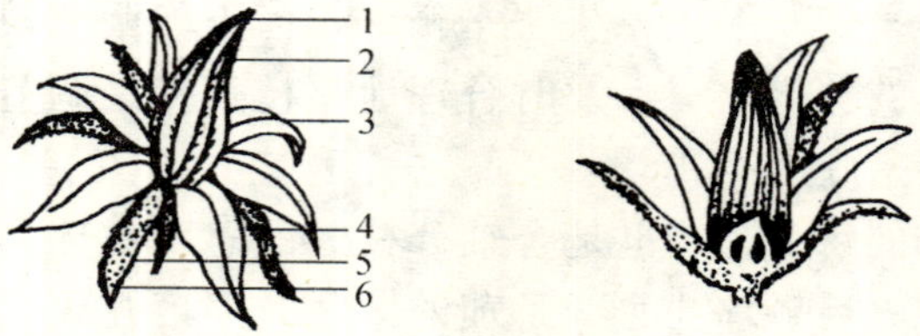

花器全图　　花器剖面图

图2—2　番茄花器构造

1—雌蕊　2—雄蕊　3—花瓣　4—萼片　5—小花梗　6—花梗

番茄果实是由子房发育成的多汁浆果，由果皮、果肉、胎座及胶囊物、种子组成。整个果实由果肉分离成若干心室。果实顶部有花柱脱落形成的痕迹称果脐，其大小形状影响果实外表品质。果实底部与花萼连接处称果洼，其大小、深浅影响果形外表品质。近果洼处的果实底部称果肩，幼果果肩的颜色，有的和幼果果面一致，称无果肩色。有的呈深绿、绿、浅绿色，与幼果果面颜色有明显区别，称为果肩色深绿、浅绿等，是区分番茄品种的特征之一。深绿果肩的果实往往成熟时颜色更深更艳，且维生素C含量较高。果实形状有扁柿形、圆球形、桃形、牛心形、李形、樱桃形等。按果形指数（果实纵径与横径之比值）可分0.7以下为扁圆、0.7～0.85为微扁圆、0.85～1.0为圆、1.0以上为高圆到长圆。番茄果实大小相差很大，野生番茄重仅1～3克、樱桃番茄重4～40克、加工类番茄重一般为50～90克、鲜食番茄重一般为90～400克，最大的番茄重可达1 250克左右。果实外表颜色有大红、粉红、橙黄、橘黄和鲜黄几种，是由果皮和果肉颜色组合显现的，如黄皮粉肉呈大红色、无色皮粉红肉呈粉红色、黄皮深黄果肉呈橙黄色、黄皮黄肉呈橘黄色、无色皮黄肉呈鲜黄色等。果形、果色和在正常栽培下的果实大小等，都是区分番茄品种的重要性状。果实心室数变化也大，从2个到数十个。一般小果形的野生及加工樱桃番茄以2心室为主，鲜食番茄以5～6个心室为多，特大果、畸形果的心室数则为10个以上。心室多，则果肉多，空隙小，切片装盘不流汁。果实胎座周围的胶囊物与种子紧密相连，其发达程度与种子发育有关。果囊颜色在成熟时有的为绿色、有的为粉红色，以粉红色为好。胶囊物是番茄多汁的主要部分，其品质影响番茄风味和营养成分，是番茄品质的重要构成部分。

番茄种子为扁平短卵形或心脏形（见图2—3），有明显种脐，是种子着生于胎座及胚芽伸出的地方。新鲜种皮为黄色，上生短而密的灰色茸毛。优质种子呈灰黄褐色。一般栽培的种子千粒重为3.5克左右，野生及樱桃番茄种子千粒重为 2～2.7 克。种子内藏种胚和胚乳，种胚由胚根、胚轴、子叶和胚芽组成，蜷缩在胚乳旁边。种子在含水量为 8%以下、气温为 0℃的干燥密闭环境中可保存 10 年以上。

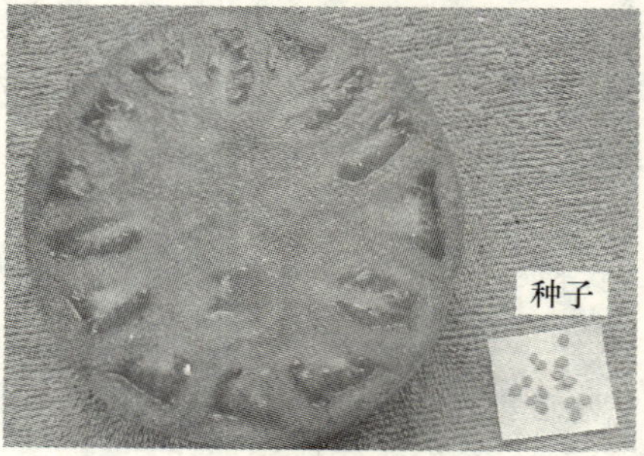

图 2—3　种子

§2—2　番茄的生物学特性

一、喜温好光不耐湿热

1. 温度。影响番茄生长发育的温度包括气温和地温。番茄属喜温性蔬菜，一般在 20～25℃下生长发育良好，它对温度的适应范围为 15～33℃，低于 10℃停止生长，长时间处于 5℃以下即出现冷害现象，遇零下 1～2℃霜冻即可冻死，而高于 35℃也生长不良，在 45℃以上，则引起生理干旱致死。番茄在不同的生育阶段对温度的要求是不同的，发芽期的气温以 20～30℃为最适，发芽期的地温以 25℃为最适，12℃以下则造成烂籽而不能发芽。

（1）幼苗期。从第 1 片真叶展开到第 1 花序现蕾开花前，此阶段以营养生长为主，但一般自第 3 片真叶展开时苗端即开始花芽分化。此期对温度的要求应是营养生长最适温度，昼温为20～25℃，夜温为15～20℃，低于10℃则停止生长，－2～－1℃就会冻死。在一般栽培条件下，夜间保持6～8℃有利于锻炼幼苗使其粗壮，定植前经过良好锻炼的幼苗在短时间内甚至可以经受－3～0℃的低温。但番茄在幼苗期，若温度长期处于15℃以下，则花芽分化不良；高于30℃以上就会徒长，同样会生长不良。若温度达到35～40℃就会严重阻碍茎、叶、花生长，同样不利于花芽分化，使花数减少且呈畸形。如果温度达到45℃以上，茎叶则发生日烧。在塑料膜覆盖下的阳畦养苗，中午若不及时放风，温度极易超过45℃而使幼苗叶脉灰白、叶肉萎蔫干枯。番茄幼苗期的最适地温是22℃左右，低于13℃，根的生理机能下降；8℃左右，根毛停止伸长；6℃以下，根尖也停止生长；地温高于33℃，根系生长不良；高于37～38℃，整个根系停止生长。这在早春育苗时十分重要，应充分重视地温。一般气温在25～26℃、地温在22～23℃下的幼苗生长快而粗壮；在地温18℃、气温18～23℃下的幼苗也能生长粗壮，但育苗时间较长。

番茄幼苗期是花芽分化的重要时期，一般当第3片真叶展开时，苗端即开始花芽分化，当第6～7片真叶展开，第1花序显蕾“成苗”时，花芽已分化3～4序。所以在幼苗结束时，就已基本决定了番茄主要产量的花芽分化基础，所谓“壮苗五成收”就是这个道理。幼苗期的温度必须以促使花芽分化“早、快、多、正”为原则。栽培实践证明，一般番茄品种在较高气温下花芽分化节位提高，花芽分化速度快，每花序花数相对减少；但花正，畸形果少。苗期温度较低则花芽分化节位相对降低，花芽分化速度慢，各花序分化所需时间长，花数相对增多，畸形花、果出现的比例较大。为使花芽分化“早、快、多、正”，气温在20～25℃为宜。低气温、高地温比高气温、低地温开花结果要好得多。

(2) 开花结果期。番茄的开花结果期要求的温度比营养生长期更高，开花期以白天20～30℃、夜间15～20℃为最适，低于15℃，不能开花，并易引起落花。白天温度高于35℃或夜间温度高于20℃，则开花不良，会引起落花，不能结果。在结果期以白天25～28℃，夜间16～20℃为最适，若低于15℃和高于35℃，则花药不能正常开药，花粉不能正常发育，花粉管不能发芽和伸长，因而不能正常坐果。果实也不能正常膨大发育，着色不良。在保护地和露地，早春、夏季很容易出现不利开花结果的低温和高温环境，所以需要用人工合成的生长刺激素沾花，以保花保果。人工杂交授粉也要在15～30℃的天气里进行。

2. 光照。番茄和其他作物一样，其生长发育的物质基础来源于光合作用，光照的强度、光质的组成及光照时间的长短等，都对番茄生长发育有着重要的影响。番茄在蔬菜中属于对光照要求较强的类型，除种子发芽期外，其余生育时期都需要较强的光照。番茄的光照饱和点是7万～7.5万lx（lx是照度单位——勒克斯），光补偿点为0.4万lx，代表光合能力的净同化率是每100平方厘米的叶面积每小时消耗的二氧化碳为31.7毫克，这在茄子、甜椒等18种蔬菜中都是最高的。光饱和点和光合能力都高，表明番茄整个生长发育期需要强光照，而且耐弱光能力较差，在光照强度不足时，光合能力很快下降。在我国北方冬春保护地栽培，番茄所需光照多不能满足，补充光照则能显著增产，而在夏季的过强光照又和高温多雨相结合，所以对番茄生产都极为不利。北方地区春番茄产量一般高于夏秋番茄，温室番茄一般春茬产量高于冬茬，其中光照强度是重要原因之一。中国农科院蔬菜花卉研究所于1992—1994年，利用不同遮光棚的处理对番茄苗期以后的时期进行了营养生长、开花结果等研究，在开花坐果期和结果期，测定了地上部鲜重和干重、地下部鲜重和干重、叶绿素含量、坐果率和产量等46项指标，表明光照强度对番茄植株和内部生理变化有显著的影响。仅从产量来看，各品种均随光照强度的减弱而显著降低，但各品种降低的幅度也有明显差异，所以选择适合于番茄生长发育的光照条件，特别是在保护地及日照不足的冬春季选用耐弱光品种或创造提高光照强度的条件，对提高番茄产量和品质会起重要作用。

3. 水分。番茄植株的90%以上，果实的94%～95%是水分。土壤水分和溶于其中的营养靠根系吸入体内，以维持正常的生命生理活动。番茄虽然需水量大，但由于根系强大，吸水能力强，而地上部又遍生茸毛和腺毛，叶呈深裂花叶，能减少水分蒸发，所以番茄属半耐旱性作物，要求空气相对湿度仅为40%～50%。

番茄幼苗期营养体小，总需水量较少。但由于根系小，吸收力差，所以要求土壤水分保持在较高水平，即应当保持土壤有效水分在50%～75%以上。

番茄进入营养生长盛期，随着植株的长大、根系的发达，总需水量比苗期显著增多。在定植后到第1穗果实迅速膨大前，是番茄营养生长盛期向生殖生长盛期的过渡期和转折期，是用土壤水分调控秧果关系的重要时期，此时期在栽培管理上特称“蹲苗期”。定植后要充分灌水，缓苗后再灌一次就要深细中耕，以促进根系向深向大发展，使植株茎粗叶大，为以后大量开花结果打好基础。此期土壤相对湿度应保持在60%～70%，否则，会引起茎叶徒长、落花落果。“蹲苗期”土壤水分不能过高以防徒长，但又不能蹲苗过狠，土壤水分不能低于40%～50%，否则，同样会引起植株生长不良，影响开花坐果，造成“花打顶”、落花落果等。

空气湿度和降雨对开花结果也有很大的影响，单纯的空气湿度，除非结合高温干燥，一般不会对开花结果造成很大损害。高温干旱天气，会对露地栽培的番茄造成“上旱”，对开花坐果极为不利。但降雨过多，特别是降雨持续时间越长，开花结果就越不好。开花期降雨，影响花粉散出，散出的花粉也会因吸水过多胀破而不能发芽，降雨也会将番茄花的雌蕊柱头黏液冲掉或稀释，致使花粉不能正常“着床”和发芽受精而导致大量落花。在杂交制种中，遇雨后应重复授粉，或避开雨季授粉都是极为重要的。

结果期（从“蹲苗”结束到败秧的一段时期）果实发育对水分的需求在番茄一生中最多，持续时间也是最长的。在春露地栽培中，从第1穗果实膨大开始直到全部果实成熟，此期植株越来越大，气温也渐高，水分蒸发量加大，果实本身又是鲜嫩多汁，大部分由水组成，果实数目多，穗果在不断膨大成熟，所以土壤水分（相对含水量）要达70%～80%，以经常保持土壤表面湿润为宜。结果期也就是“大水大肥”时期，此期要求土壤相对湿度为90%左右，空气湿度以45%～65%为宜。番茄不耐水涝，淹水3天后，就会萎蔫死亡。当土壤水分过多，根际含氧量降到10%以下，就会妨碍根系正常呼吸；降到2%以下，就会沤根死亡。所以，下湿地不宜种植番茄；雨季需及时排水；夏季中午暴雨后，可换井水再浇，即“涝浇园”。这些做法对防止番茄沤根、染病是很有利的。

二、营养合理高产量

1. 营养。番茄从外界吸收的营养物质包括碳、氢、氧、氮、硫、磷、钾、钙、镁、铁、铜、锰、锌、硼、钼、氯16种元素。这些基本元素被植株吸收后转化成番茄果实和植株本身。番茄所吸收的营养物质来源于大气和土壤。作为气体状态吸收的二氧化碳和氧气，来源于空气，氢则来源于水，其他大部分营养靠根系从土壤溶液中吸收。从土壤溶液中吸收量大的元素，如氮、磷、钾等称为大量元素，大量元素以“肥料”的形式施入土壤中，在某些情况下，土壤中也要施入“微量元素”。如果缺乏某种营养，番茄就不能正常生长发育，会出现生理病害症状。生理病害不但危害番茄自身，而且会使番茄本身抗病性减弱，容易被有害细菌、真菌、病毒等侵染，引起或加重“病理性病害”。维持足量和平衡的营养供应是种好番茄的重要条件。

番茄从子叶展开，即进入幼苗期，需要从土壤中吸收养分，即从消耗种子本身储藏养分的自养阶段过渡到从外界吸收养分的他养阶段，即需要“施肥”。

关于肥料对番茄幼苗期生长发育的影响，相关实验研究表明：培育健壮的幼苗需氮量最多，磷、钾次之，其比例为氮：磷：钾为1.5：1：1。

幼苗定植后，随着植株的长大，营养需求量加大，肥料的浓度也相应增高，茎叶重随养分浓度的提高而增大，茎的生长以氮400 ppm（1 ppm$=1\times10^{-6}$）、磷60 ppm、钾

500 ppm、钙 300 ppm、镁 100 ppm 为佳，超过这个浓度就会阻碍生长发育，茎叶重反而减少。番茄是喜氮作物，施用硝态氮比铵态氮的效果更好，以全部施用硝态氮（硝酸钠）或硝态氮比铵态氮（硫胶）为 7：3 时为好。若小于此比例，即加大铵态氮的比例就会导致叶片中氮和磷的过多积累，拮抗对其他营养元素如钙、镁、钾等的吸收，就会使番茄的生长发育严重受阻。尿素态氮对番茄生育有良好的影响。所以，施肥时不但要注意营养元素的种类，还要考虑适当的形态，才能获得良好的栽培效果。

果实膨大和成熟需要施入氮 100 ppm、磷 15 ppm、钾 140 ppm、钙 80 ppm、镁 25 ppm 为宜。充足而合理的氮肥、磷肥会促进果实的膨大和及早成熟，种子也会发育饱满。钾肥增加果实酸度，口味浓郁且增加植株自身的抗病性。在番茄的不同生育阶段，应施用不同的肥料。番茄一般是营养生长和生殖生长并行，施肥时应保持两者均能获得满足，以保持氮 200 ppm、磷 30 ppm、钾 270 ppm、钙 160 ppm、镁 50 ppm 为宜。具体的施肥方案应根据栽培地条件、番茄品种、番茄的栽培方式等来制定，只有这样，才可达到优质、丰产、抗病的目的。

2. 气体。番茄植株和果实的 90%～95%是靠光合作用形成的，只有 5%～10%是由根系吸收矿物质形成的。维持生命活动的光合作用和呼吸作用是在阳光和水的参与下，二氧化碳和氧气的互换结果。空气中约含氧气 21%、氮气 79%、二氧化碳 0.03%（300 ppm）及其他微量气体。这在一般露地的情况下，可以满足番茄对气体条件的需要，但在空气不足或水培、保护地等条件下，氧气、二氧化碳的比例就会对番茄的生长影响很大。发芽期，氧气浓度降到

2%就会严重抑制发芽；降到1%就完全不能发芽；而5%以上，发芽即接近正常。二氧化碳对发芽影响较小，浓度增大到40%时才开始抑制发芽，发芽率降低30%，发芽日数延长3.6倍。在幼苗期增加二氧化碳浓度，如每天早晨6—8时，补充600～900 ppm，则可促进花芽分化，使第1花序着花节位降低，花数增多，从而提高早期产量。

番茄营养生长期通气良好，特别是在土壤空气充足的条件下，根系的生长和吸收功能会增强。若通气不足则根系短粗，根毛少，不能正常地吸收水分和养分。在水培条件下，保持良好根系通气能显著促进番茄的生长。在土栽中，若土壤中氧浓度降到10%以下，番茄生育明显恶化，降到2%以下植株枯死，而在10%～20%的范围内，对番茄生育的影响差别不大。二氧化碳的饱和点随光照强度的增加而提高，番茄充足的光照为50 000～70 000 lx，其二氧化碳饱和点为800～1 200 ppm。二氧化碳的补偿点为80～100 ppm。适当提高二氧化碳浓度，番茄会显著增产，当将空气中二氧化碳含量提高到0.33%时，番茄增产20%。一般在晴天，二氧化碳浓度可补充至1 000～1 500 ppm；阴天，二氧化碳浓度补充至500～1 000 ppm为宜。提高空气中二氧化碳浓度的方法多用人工补充，如增施有机肥，1 000千克有机物最终能放出1 500千克二氧化碳，在封闭条件下，当发热量达最高时，二氧化碳浓度可比空气中二氧化碳浓度高100倍。或用液化二氧化碳、二氧化碳发生器、二氧化碳发生剂等方法也能提高二氧化碳浓度。二氧化碳和氧气的浓度对收获后的果实变色和储藏期影响很大。当氧气和二氧化碳均为5%时果实转色较慢，储藏效果好。空气中有害气体过多，对番茄的生长也会造成一定的危害。

如一般空气中二氧化硫含量为 0.035 ppm，由于燃烧煤、石油等含硫燃料，使空气中二氧化硫含量达 0.5 ppm 时，番茄叶片就会出现灰白或黄白斑块，重者可枯死。其他如氯气、氟化物、氮氧化物、臭氧和粉尘等含量过高都会影响番茄的生长。

§2—3 番茄的生长发育周期

番茄的一生从种子开始到生长出下一代种子止，要经过发芽期、幼苗期、开花期和结果期。番茄从幼苗期花芽分化开始直到果实、种子成熟的绝大部分生长过程中，营养生长和生殖生长是同时进行的，顶芽不断变成花芽，下部侧枝不断延伸形成果穗分层，不断开花、不断坐果，所以开花期和结果期并没有明确界限。但从栽培的实际出发，可把开花期看做秧果生长盛期，以长秧为主的时期；把结果期看做果秧生长盛期，以结果为主的时期。这两个时期对环境条件的要求和栽培措施也是不同的。

一、发芽期

从番茄种子萌动到子叶充分展开的时期为发芽期，如图 2—4 所示。发芽期生长所需的营养依靠种子本身储存的养分转化，只要满足种子萌发的水分、温度和氧气条件，不需另外从外界吸收养分即可完成，是种子本身的自营阶段。保证种子正常发芽的条件是：

1. 种子本身发育正常、健壮、饱满、生活力强，具有良好的发芽能力。

2. 充分吸水。一般温水浸种 6～8 小时，使种子吸足水

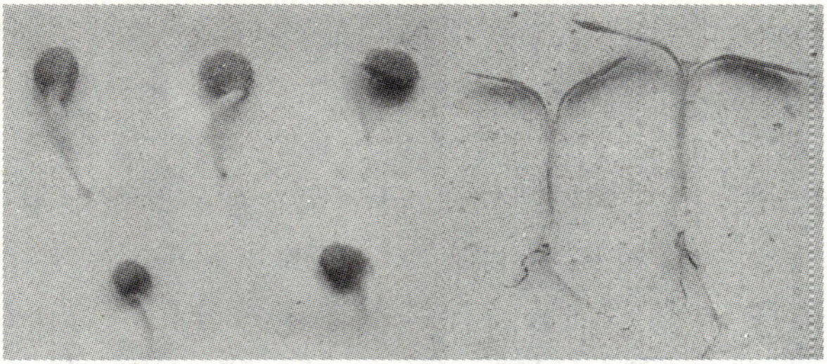

图 2—4　发芽期

分即可。吸足水分是番茄种子萌发的先决条件，有了水分，种子的生命活动才得以开始。浸种时间过长，会使种子过度吸涨，种子本身的养分会流失，不利发芽，水分不足，种子的生长活动不能开始。

3. 温度。种子充分吸水后，给予 25～28℃的温度，种子即可正常发芽。番茄种子萌发的极限温度是 10～35℃。温度的高低影响种子发芽速度的快慢，在 25～28℃的温度条件下，24 小时后胚根顶破种皮，72 小时后子叶展开。

4. 氧气。在满足水分、温度条件的同时，必须有充足的氧气，番茄种子才能正常发芽，使芽长得健壮。水分过多、氧气不足往往会使种子发芽不良，整个发芽期生长也不健壮。当胚根与种子等长时即可进行播种。

二、幼苗期

从真叶始出到第 1 花序显蕾的时期为幼苗期，如图 2—5 所示。在幼苗期，番茄进入异养阶段，主要靠从外界环境吸收养分，通过光合、呼吸等作用制造物质，加以吸收而生长发育。这个阶段从外部形态上看，要经过真叶始出（俗称“吐心”）、生长 5～8 片真叶、花芽分化、第 1 花序显蕾。花芽分化前的叶片数依不同品种类型而异，一般自封顶型的早熟品种，自第 5 片真叶开始花芽分化；无限生长型的中、晚熟品种，自第 8 片真叶开始花芽分化。幼苗期基本为营养生长阶段，但花芽分化已到第 3 穗。幼苗期生长是否正常、健壮，是番茄一生能否长好的重要一环。幼苗期生长良好对防止幼苗徒长，促进花芽正常分化，防止花芽畸形，使花蕾正常膨大等都具有重要意义。幼苗期对温度、水分、光照、营养等条件要求也特别敏感、严格，是栽培管理上的“临界期”，应特别注意，在正常情况下一般需 40～50 天。

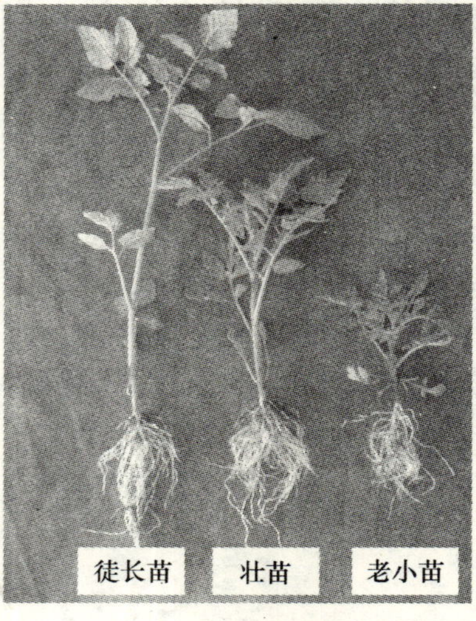

图 2—5　番茄幼苗期

三、开花坐果期

从第 1 花序开花到第 1 花序果实膨大前期（一般说果实

长到核桃大小）为开花坐果期（见图 2—1）。此期营养生长和生殖生长同时进行，以营养生长为主，也可称“秧果生长盛期以秧为主”的时期。在外部形态上，一般是第 2 花序开花、第 3 花序显蕾。此期苗端花芽已分化到第 4 至第 6 穗。开花坐果期比幼苗期明显根深叶茂。管理上要求植株达到茎粗、节短、叶大，花序健壮硕大，开花坐果正常。开花坐果期是番茄一生中营养生长和生殖生长的过渡、转变时期，在栽培上容易出现异常，如营养生长过盛的“疯秧”徒长，花序萎缩、落花，不坐果或幼果不膨大，茎端双头、开洞等；或者营养生长过弱的花序过小，花朵不能正常开放，落花落果，甚至顶端极度矮缩成“花打顶”。开花坐果期在栽培上为“蹲苗”时期。用肥水、整枝等调节秧果关系，以达到丰产的目的。开花坐果期在华北露地，春季一般为 20～30 天左右。

四、结果期

自第 1 穗果实膨大到整个番茄植株死亡为结果期。此期营养生长和生殖生长均旺盛进行，但以生殖生长为主，也可称“果秧生长盛期以果为主”的时期。果穗分层，一般无限生长类型番茄每隔 3 片叶即着生 1 个花序。每个花序的花，按从大到小的顺序排列，依次延伸长大。至于番茄一生能长多少叶，结几穗果，坐多少果子就要看番茄品种、环境条件的适合程度，栽培管理的措施要求等。一般而言，华北春露地的番茄有 3～5 穗，每穗坐果 5～7 个，一株结果 20～30 个。若外界条件良好，可长期生长。

由于番茄的花序是由顶芽分化而来的总状花序，每朵花形成一个果实，在正常情况下开花、坐果、果实成熟均由第 1 个花序的第 1 朵花先行开放，第 1 朵花结成的果实也先成熟，是比较有规律的。当然，若遇环境等条件不适，其开花坐果成熟的顺序也会有所改变。

在番茄结果期，如何正确调控秧果关系是栽培成败的关键。以采收成熟番茄果实和以采种为目的的栽培措施，在结果期也有所区别。

在华北地区春露地番茄的结果期，一般从 5 月下旬到 7 月底，约 50～60 天。

第三章

正确认识和选用番茄品种

§3—1 对现代番茄品种的基本要求

随着农业现代化的发展和人民生活水平的提高，人们对蔬菜的需求也发生了变化。即要求蔬菜品种多样，常年供应。至于蔬菜的品质，人们就更为关注了。所以在选用番茄品种时要考虑以下几个方面：

一、品质至上

番茄以新鲜果实为商品上市，外观上要求果形、果色多样化，符合市场需求。对鲜食大果番茄要求圆形、高圆形或微扁，果面光滑，果蒂梗洼小而浅，花柱痕小，成点状，果不裂、不畸形，果实较硬，耐储运性好，适合机械选果分级，适合流通上市，货架期长。果色浓粉、深红、鲜黄或橙黄，有鲜艳光泽，果面着色均匀一致。幼果果肩带绿色，有新鲜感。无绿果肩者，幼果底色也较绿。完全成熟后，果面全部着色而青肩消失。同一品种的果实要大小均匀一致，鲜食番茄单果重100～250克，罐藏番茄单果重50～55克，樱桃番茄单果重15～20克，大樱桃番茄单果重30～40克。微型（包括樱桃和大樱桃）番茄除圆形外，还有长圆形、椭圆形、梨形、李形、带尖等。一般番茄的成熟果实颜色有红、粉红、橙黄、鲜黄，幼果颜色有乳白色、深紫色等多种色彩。加工番茄则全为深红色。番茄果实切开后，要求肉质厚、多心室（微型和加工番茄多为 2 心室），切片装盘不流汁、胎座及种子周围胶囊物粉红不绿而充盈、空洞小、无条腐、筋腐等。内含品质要求果实可溶性固形物含量高，达 4%～5%，加工番茄要求达 5%～5.5%，樱桃番茄达 8%～10%。维生素 C 含量高，糖酸比 5～8，味浓，酸甜适中，有香味，口感好。加工番茄还要求每 100 克鲜重含番茄红素 8～9 毫克以上，有些含有丰富的特种营养的品种，如日本黄色樱桃番茄“橘颂”和“维生素王子”含 β-胡萝卜素比普通番茄高 5～6 倍，在选用开发品种时更要特别注意。

二、复合抗病（虫）性强

番茄病虫害的种类很多，其重要病虫害会随着环境及生产设施、栽培方式的变化有所增加。每种病害也会随着抗病品种的推广、国际交流的日趋频繁，其生理小种、病毒株系也会不断分化。所以不断培育抗病（虫）品种是最经济、最有效而无公害的手段。目前，日本、欧美等技术先进国家育成的番茄抗病害品种已达 10 余种，如抗 T_OMV (TM1，TM2、$TM2^a$ 型)、CMV 和抗枯萎病生理小种 1·2·3、黄萎病生理小种 1·2、叶霉病生理小种 1～5、根腐枯萎病、褐色根腐病、青枯病、细菌性斑点病、早疫（轮纹）病、根结线虫病等。有的同一个品种，如板田种苗公司育成的“太阳君主”，就同时抗 8 种病（虫）害。一般的新品种都抗 5 种以上病害。我国自 1983 年开始，将番茄抗病育种首次列入国家重点攻关，现已育成了抗 T_OMV (TM1、TM2、$TM2^a$)、中抗 CMV、抗番茄叶霉病、抗枯萎病、抗青枯病等病害，同一个品种能抗 4 种病害的品种，如粉红果的中杂 9 号和红色果的中杂 8 号就能同时抗 T_OMV、中抗 CMV、抗番茄叶霉病生理小种 1・2・3・4 和抗枯萎病生理小种 1。目前，抗根瘤线虫、抗黄化曲叶病毒病等病害正在大力进行。一些研究单位正在进行抗早疫病、晚疫病、斑点病、溃疡病等的研究工作，但还未育成商用品种。

三、作型专一

随着各种类型保护地的发展，育种者针对不同栽培方式的特殊条件育成了专业化性强的不同类型品种。例如，日本在 20 世纪 80 年代中期育成的 32 个番茄品种，平均每个品种只适应 2.1 种栽培方式，可见其专化性很强。我国育成的番茄品种，在 20 世纪 80 年代以前，栽培专化性不强，以适应露地栽培为主，具有生长势强、秧壮叶大、高产、抗病、抗逆性强等特点，如强丰、中蔬 4 号、中蔬 5 号、中蔬 6 号、毛粉 802 等。保护地品种则要求耐低温、弱光，生长势中强，叶量中到小，能抗保护地中重要病害如枯萎病、叶霉病、T_OMV、CMV 等。对灰霉病、晚疫病等抗性强的番茄品种也在研究中。我国"八五"开始将保护地的品种选育列入重点科技攻关，已育成中杂 9 号、中杂 8 号、佳粉 15 等保护地番茄品种。荷兰的 Caruso、TM1033，日本的温室桃太郎，以色列的 114 等都是在我国表现优良的保护地番茄品种。

四、省能省力，适应性强

进入 20 世纪 90 年代，高度发达的工业、各种先进的设施大大提高了控制环境的能力，加上种子生产对扩大市场的需求、对种子品质要求的提高和规格统一等因素，要求番茄品种，只有将品质极优的少数品种扩大经营才更有利。故现在培育出的品种，增加了对多种栽培方式的适应性，更加省能、省力。番茄育种从抗病育种发展到了生态育种阶段，其品种有以下特点：

1. 抗病种类多，可不用化学农药，安全有效，不污染环境，省钱省工。

对难于防治的土传病虫害，如青枯病、黄萎病、根腐枯萎病、褐色根腐病等用嫁接栽培。嫁接栽培的应用使番茄在土传病虫害严重的地区也能连作。在育种上，也更进一步开发出了各种栽培方式下都能自根栽培的品种，既稳产又免去了嫁接之烦。

2. 增加品种对温、光的适应范围。已育成在夜温 4℃、7℃、9～10℃下能正常开花结果，在低温弱光情况下，不发生叶枯症状的品种。有的品种在高温、多湿、强光照环境中也能平衡安全地生长。这样的品种在植株形态上也有所表现，如选节间稍长、叶片及叶量较小、叶片缺刻深、整叶上举等，这些特点有利于通风透光，有利于果实见光着色。植株节短叶大，有利于支架和防止果实受阳光直射而日灼，适于露地种植等。

3. 开发单性结实或花粉量多、适宜熊蜂授粉传粉，在不良条件下也能正常坐果和果实膨大的品种，可免除用生长素沾花振荡或授粉之劳。

4. 选育对水肥、土壤条件适应性强的品种。在开发嫁接栽培初期，育成的番茄砧木品种中，因带有较强的野生性，根量过大，吸肥力过强，致使番茄嫁接后容易疯长，果实的颜色、味道、成熟期等出现问题。20 世纪 90 年代，日本育成的番茄砧木品种嫁接后吸肥力稳定，仍能保持接穗原品种的优良品质，稳产高产，管理和自根苗相近。还育成了适合 15～20 天苗龄，小苗定植和适宜大蕾、开花期大苗定植的，在多肥条件下不易疯长，栽培初期和中后期吸肥力都稳定的品种。

5. 加工番茄选适宜露地无支架栽培、株型紧凑、无果柄节、离蒂性好、机收不带蒂、手采省力、用手一抖果即全脱落、集中成熟、一次收获、耐压耐运等品种。微型番茄则要选果穗紧凑整齐，即使个别不坐果，外表也看不出来的、适宜整穗收获的省工省力品种。

§3—2 怎样正确选用抗病品种

一、抗病品种的抗病性

任何抗病品种的抗病性都是相对的、可变的，所以不能认为凡是选种了抗病品种就一劳永逸。所谓抗病品种是个范围很大的概念，不能指望一个品种能抗所有病（虫）害。同一种病害又有不同的生理小种或病毒株系，而发不发病还受环境条件、番茄品种本身对该病抗性的强弱及对其他病抗病性状的关联等因素的影响，这三类因素都在变化，所以抗病品种的抗病稳定性是相对的。应把利用抗病品种看做是综合防治的一环。如果用了抗病品种后又发了病，也不必感到诧异。要分析该品种是否抗本地区的主要病害及某个生理小种。一个抗病品种在他地抗病，在本地不一定抗病。所以要在当地有目的地多引种几个品种，进行 2～3 年以上的严格品比试验，择优推广。

二、栽培抗病品种仍要注意防病

抗病番茄品种大致可分为水平抗性和垂直抗性两类。无论使用哪一类品种，如不采取合理的栽培措施，都会导致发病减产。不用说栽培不含抗当地某种主要病害的品种时，要对该病进行防治，就是栽培含有抗病基因的品种，如果因栽培不当而得病，也往往会促使该病的生理小种或病毒株系发生变化，使抗病品种失去抗性，缩短抗病品种的使用寿命。水平抗性品种也会由于发病，促使菌量、毒原的增加而使品种抗性相对减弱，最终失去抗病作用。所以，利用抗病品种的同时，还必须加强栽培管理，综合防治才能成功。

三、抗病品种的特点

抗病番茄品种一般都有生长势强、对氮肥敏感、容易疯秧等特点。因为许多抗病基因来自野生番茄，在积集抗病基因的同时难免带来某些不良连锁性状，所以利用抗病品种时，要摸清各品种的特殊要求，特别是氮肥不要过多或过于集中施用，注意多配合施用磷钾肥。

第四章

抗病优质丰产番茄新品种

§4—1 鲜食中晚熟无限生长型新品种

一、中杂 102

中国农业科学院新近育成的番茄一代杂种。

该一代杂种植株为无限生长型，叶量中等，成熟果为红色，果色鲜艳，着色均匀。果实圆形，单果一般重 130～150 克，果面光滑，每穗可坐果 5～7 个，果实大小均匀，可整穗采收上市。耐储运性较好。连续坐果能力强，适合温室栽培。春日光温室栽培产量可高达 9 000 千克以上，抗番茄花叶病毒病和枯萎病。

栽培要点：（1）适龄育苗，苗期不宜过长。（2）合理密植，日光温室每亩定植 2 500 株左右。（3）温室栽培每株应留 6 穗果以上，每穗 5～6 个果。（4）及时采摘，使果实采收后能保持较长的货架期。

二、中杂 108

中国农业科学院蔬菜花卉研究所新近育成的番茄一代杂种。

该杂交种植株无限生长型，节间中，生长势强，连续坐果能力强，中晚熟，果实扁圆形，幼果无绿果肩，成熟果大红色，单果重 180 克左右，整齐度高，货架期长，商品性好，丰产。在保护地栽培亩产可达 10 000 千克。中抗番茄花叶病毒病，抗番茄叶霉病和枯萎病。

栽培要点：（1）北京地区日光温室冬春茬可 12 月中下旬播种育苗，2 月中下旬定植，春塑料大棚 1 月下旬至 2 月上旬播种育苗，3 月中下旬定植。亩栽 2 000 株，苗龄不要过长，以 50～60 天为宜，苗期温度不宜低于 10～15℃，建议小苗定植。（2）施足底肥，及早追肥，多次追肥，适当加大磷钾肥比例。（3）该品种长势强，定植密度不宜过大，同时注意适期打老叶。（4）保护地采用熊蜂授粉或者番茄灵等沾花，以保花促果。及时采收。

三、中杂 109

中国农业科学院蔬菜花卉研究所新近育成的番茄一代杂种。

该杂交种植株为无限生长型，幼果无果肩，成熟果实粉红色，果实近圆形，平均单果重 200 克以上。果实硬度高，耐储运；果实整齐，商品率高。高抗 T_OMV（烟草花叶病毒），抗叶霉病、枯萎病。适合保护地栽培，大棚种植亩产达 8 000 千克，温室栽培可高达 10 000 千克以上。

四、北研 3 号

辽宁省抚顺市北方农业科学研究所育成的杂交种，2009 年通过辽宁省农作物品种审定委员会鉴定。

该杂交种植株为无限生长型，生长势强。中晚熟，叶量中等，单式花序，每序坐果 4～5 个，坐果率高，平均坐果率 92%，红果扁圆形，幼果无绿肩，果实大，平均果重约 350 克，畸形裂果少，成熟果硬度为 0.84 千克/平方厘米，可溶性固形物含量 4.5%，甜酸适口，风味佳。复合抗病性强，高抗叶霉病、T_OMV、中抗 CMV，抗番茄枯萎病和筋腐病、脐腐病等生理病害。田间表现对 TY 病毒、晚疫病都有较好的抗性。耐低温弱光和高温高湿，在恶劣环境栽培条件下，坐果率、产量和商品性很好。丰产性强，平均亩产 7 702 千克，适宜各种保护地栽培，在露地种植表现均优良。

五、北研 5 号

辽宁省抚顺市北方农业科学研究所育成的中型果杂交一代种。

该杂交种植株无限生长型，生长势强，叶量中大。连续坐果能力强，坐果率高。单果重 150 克左右，果实高圆形，肩平脐小微凸，果色鲜红，硬度高，成熟果实硬度 8.1%，可溶性固形物含量 4.0%，品质优，商品性好。耐运储。抗病性强，抗多种病害，抗 T_OMV，中抗 CMV，高抗番茄叶霉病，枯萎病，田间表现晚疫病，灰霉病发病较轻。亩产 5 000～8 000 千克。适宜各种保护地及露地种植。

六、北研 8 号

辽宁省抚顺市北方农业科学研究所育成的杂交种，2009 年通过辽宁省农作物品种审定委员会鉴定。

该杂交种植株为无限生长型，生长势强，中熟，果实粉红色，幼果有绿肩，果实圆锥形，单果重 250～350 克，复合抗病性强，高抗叶霉病、病毒病，田间表现对 TY 病毒、早疫病、晚疫病都有较好的抗性。耐低温弱光和高温高湿，在恶劣环境栽培条件下，坐果率、产量和商品性仍很好。果实商品性好，畸形裂果少。成熟果实硬度为 0.9 千克/平方厘米，可溶性固形物含量 5%，甜酸适口，风味佳。丰产性强，平均亩产 6 011 千克，适宜各种保护地及露地栽培。

栽培要点：（1）各种栽培方式播种期同当地，夏秋苗龄期 25 天左右，冬春苗龄期 50 天左右，培养壮苗，带蕾定植，亩定植 3 000 株。（2）亩施底肥 5 000 千克，注重追施“催苗肥”“攻秧肥”“促果保秧肥”。（3）及时疏花疏果，搭架牢固，单秆整枝，腋芽一寸长摘除。

七、北研 9 号

辽宁省抚顺市北方农业科学研究所育成的串穗型杂交种。

该杂交种植株为无限生长型，生长势强，连续坐果能力强。果穗整齐，每序坐果 5～7 个，幼果无绿果肩，成熟果鲜红色，单果重 150～180 克，果形近圆，正、硬，成熟果实硬度 0.81 千克/平方厘米，可溶性固形物含量 4%以上，基本无畸形果和裂果，品质上等，耐运储。高抗番茄花叶病毒病（T_OMV），中抗黄瓜花叶病毒（CMV），抗番茄叶霉病，亩产 5 000～7 500 千克。适于保护地高架栽培和露地种植。

八、合作 208

上海番茄研究所、上海长征番茄种业有限公司选育出的粉红番茄杂交一代新品种，中早熟，无限生长类型，植株直立生长势强，坐果能力强，单果重 250～300 克，圆形果，果面光滑，果形整齐均匀，果洼小收花小，畸果率低、商品率高为突出特点；丰产性突出，每亩产量 10 000 千克左右，抗叶霉病、病毒病，硬度大，耐储运，货架保存期长，适于全国保护地及露地各季栽培。

九、合作 928

审定号：沪农品认蔬果（2006）第 010 号。早熟，无限生长习性，株型直立，叶片分布略稀，叶片着生状态直立，叶色略浅，生长势中等，首花序节位第 7 节，成熟果粉红色，果面光滑无棱沟，果顶形状圆平，无果肩，果形圆形，果梗洼小，坐果能力强，单株坐果数多，单果重 220～250 克大果型，丰产性好，每亩产量 9 000 千克左右，果形整齐均匀为突出特点；抗叶霉病、病毒病，裂果和畸形果率低，硬度大，耐储运，货架保存期长，商品率高。适于全国各保护地与露地春秋栽培。

十、合作 206

审定号：沪农品认蔬果（2006）第 009 号。中早熟，无限生长习性，株型直立，生长势强，首花序节位第 7 节，成熟果粉红色，果面光滑无棱沟，果顶形状圆平，无果肩，果形近圆形，果梗洼小，单花序果数 3～5 个，单果重 250～300 克大果型，连续坐果能力强，丰产性突出，每亩产量 9 500 千克左右，果形整齐均匀；抗叶霉病、病毒病，果皮厚，硬度大，耐储运，货架保存期长。喜温更适于春番茄保护地栽培。

十一、合作 918

审定号：沪农品审（认）蔬菜 2003 第 041 号。中熟，无限生长习性，株型直立，生长势强，心叶略黄，首花序节位第7节，成熟果粉红色，果面光滑无棱沟，果顶形状圆平，无果肩，果形近圆形，果梗洼小，单花序果数3～5个，单果重250～300克大果型，持续结果能力特强，前后期单果重相差不大，丰产性突出，每亩产量10 000千克左右，果形整齐均匀；抗叶霉病、病毒病，果皮厚，硬度大，耐储运，货架保存期长。适于全国各保护地与露地春秋栽培。

十二、合作909

上海番茄研究所、上海长征番茄种业有限公司育成。中早熟，无限生长习性，株型直立，生长势强，首花序节位第7节，成熟果大红色，果面光滑无棱沟，果顶形状圆平，无果肩，果形圆形，果梗洼小，单花序果数3～5个，单果重250～300克大果型，丰产性好，每亩产量9 000千克左右，果形整齐均匀；抗叶霉病、病毒病，裂果和畸形果率低，硬度大，耐储运，货架保存期长，商品率高。适于全国各保护地与露地春秋栽培。

十三、合作919

审定号：沪农品审（认）蔬菜2003第041号。早中熟，无限生长习性，株型直立，生长势强，首花序节位第7节，成熟果色大红色，果面光滑无棱沟，果顶形状圆平，无果肩，果形圆形，果梗洼小，单花序果数3～5个，单果重220～250克大果型，连续坐果能力强，丰产性好，每亩产量10 000千克左右，果形整齐均匀；抗叶霉病、病毒病，裂果和畸形果率低，硬度大，耐储运，货架保存期长，商品率高。适于全国各保护地与露地长年栽培。

十四、世佳丽粉

品种来源：西安市园艺研究所育成。

特征特性：属无限生长粉果类番茄，植株生长势较强，开展度中等，叶片适中，茎秆健壮，主茎第 7 节着生 1 花穗，以后每隔 3 叶或 2 叶着生 1 花穗。有以下特点。

早熟性突出。在较低温度下坐果率高，果实膨大快。春季大棚，从开花至采收约需 40～50 天，比 L402、毛粉 802 早上市 10～15 天，早期产量比其高 30%～50%，总产量高 10%左右。3 穗摘心，可当做低架品种使用。

商品性好。(1) 硬度好。果肉厚，心室多，果芯大，耐挤压，果实硬度 0.816 千克/平方厘米，远高于普通鲜食粉果番茄 0.4～0.5 千克/平方厘米的水平，货架寿命长，长途运输损耗率低。(2) 果形好，果实高圆，似苹果形。(3) 果色好。幼果无绿肩，成熟果粉红色，均匀一致，亮度高。(4) 果面好。果洼小，畸形果、裂果、空洞果极少。(5) 风味佳。口感比较好。(6) 果实均匀度高。大小均匀，一般单果重 200～250 克，特别大的和特别小的极少。

综合抗性好。高抗 TY 病毒，高抗番茄花叶病毒，中抗黄瓜花叶病毒，高抗叶霉病和枯萎病，灰霉病、晚疫病发病率低。极少发现筋腐病。抗热性好。

大田生产一般亩产 8 000 千克。

栽培要点：(1) 春提早栽培，幼苗花芽分化期，严格保温，夜温不宜长期低于 12℃。秋延后栽培，注意培育健壮的幼苗，防止徒长。越冬栽培 12 月至翌年 1 月低温寡照阶段，要力争多采光，并做好保温工作。(2) 底肥施足，追肥赶早，注意钙、镁、硼等元素的补充。第 1 穗少留果，秋延后、春提早栽培 3～4 穗摘心。周年栽培、越冬栽培、春秋一大茬栽培，提倡 3～4 穗连续换头整枝。(3) 激素处理促进坐果浓度宜轻。苗期低温多氮徒长形成的畸形花，浓度应更低。(4) 合理密植。不可因叶稀、茎细而过多加大密度。春提早温室 3 000～3 500 株，秋延后 2 500～3 000 株，春大棚摘心 3 500～4 000 株。(5) 近年许多地区叶霉病菌生理小种已发生变异，需注意预防叶霉病的发生。

适宜地区种植：适宜日光温室、大棚、中棚秋延后、春提早栽培，也可用于露地栽培。在华北及中原地区可广为栽培；在东北、西北地区，由于其早熟性好，表现得很突出；在西南湿热地区及长江流域，由于其抗病性和耐弱光性好，表现得很优秀。

十五、世佳丽红

品种来源：西安市园艺研究所育成。

特征特性：属无限生长红果类番茄，植株生长势较强，开展度中等，叶片适中，茎秆健壮，主茎第 7 节着生 1 花穗，以后每隔 3 叶或 2 叶着生 1 花穗。有以下特点：

早熟性突出。在较低温度下坐果率高，果实膨大快。春季大棚，从开花至采收约需 40～50 天，比 L402、毛粉 802 早上市 10～15 天，早期产量比其高 30%～50%，总产量高 10%左右。3 穗摘心，可当做低架品种使用。

商品性好。(1) 硬度好。果肉厚，心室多，果芯大，耐挤压，果实硬度 0.82 千克/平方厘米，远高于普通鲜食粉果番茄 0.4～0.5 千克/平方厘米的水平，货架寿命长，长途运输损耗率低。(2) 果形好，果实高圆，似苹果形。(3) 果色好。幼果无绿肩，成熟果红色，均匀一致，亮度高。

(4) 果面好。果洼小，畸形果、裂果、空洞果极少。(5) 风味佳。口感比较好。(6) 果实均匀度高。大小均匀，一般单果重 200～250 克，特别大的和特别小的极少。

综合抗性好。高抗 TY 病毒，高抗番茄花叶病毒，中抗黄瓜花叶病毒，高抗叶霉病和枯萎病，灰霉病、晚疫病发病率低。极少发现筋腐病。抗热性好。

大田生产一般亩产 8 000 千克。

十六、世佳魔粉

品种来源：西安市园艺研究所育成。

特征特性：属无限生长粉果类番茄，植株生长势较强，开展度中等，叶片适中，茎秆健壮，主茎第 7 节着生 1 花穗，以后每隔 3 叶或 2 叶着生 1 花穗。本品种经过亲本优选改进了市场原有其他品种的早衰、裂果等缺点。品种为中早熟，无限生长型，成熟果粉红色，果大外观漂亮，酸甜可口，果实硬度 0.816 千克/平方厘米，可溶性固形物含量高，最大单果重可达 350 克以上，耐储耐运，生长势强，综合抗性好，高抗番茄花叶病毒，中抗黄瓜花叶病毒，高抗叶霉病和枯萎病，灰霉病、晚疫病发病率低。极少发现筋腐病。抗热性好。是保护地，早春栽培的优良品种。

大田生产一般亩产 7 500 千克。

十七、世佳魔红

品种来源：西安市园艺研究所育成。

特征特性：属无限生长红果类番茄，植株生长势较强，开展度中等，叶片适中，茎秆健壮，主茎第 7 节着生 1 花穗，以后每隔 3 叶或 2 叶着生 1 花穗。本品种经过亲本优选改进了市场原有其他品种的早衰、裂果等缺点。品种为中早熟，无限生长型，成熟果红色，果大外观漂亮，酸甜可口，果实硬度0.82千克/平方厘米，可溶性固形物含量高，最大单果重可达350克以上，耐储耐运，生长势强，综合抗性好，高抗番茄花叶病毒，中抗黄瓜花叶病毒，高抗叶霉病和枯萎病，灰霉病、晚疫病发病率低。极少发现筋腐病。抗热性好。是保护地，早春栽培的优良品种。

大田生产一般亩产7 500千克。

十八、世佳101

品种来源：西安市园艺研究所育成。

特征特性：属无限生长粉果类番茄，植株生长势较强，开展度中等，叶片适中，茎秆健壮，主茎第7节着生1花穗，以后每隔3叶或2叶着生1花穗。本品种植株生长健壮，根系发达，普通大花叶，叶量中等，果实圆正，外观商品性好，酸甜可口，成熟果为鲜粉色，着色艳丽，果肉硬度0.82千克/平方厘米，耐裂果，特耐储运，单果重可达350克以上，该品种畸形果比同类品种少60%以上，高抗叶霉病，对南方、爪哇、花生根结线虫具有抗性，是春露及秋延后最佳栽培品种。

大田生产一般亩产7 500千克。

十九、世佳102

品种来源：西安市园艺研究所育成。

特征特性：属无限生长粉果类番茄，植株生长势较强，开展度中等，叶片适中，茎秆健壮，主茎第7节着生1花穗，以后每隔3叶或2叶着生1花穗。本品种为中早熟，连续坐果能力强，果实膨大快，果实大小上下均匀一致。中等叶量，果实鲜粉色，高圆形，单果重350克以上，畸形果率比同类产品同期减少60%以上，肉厚坚韧，货贺期长，田间表现抗病性强，对南方、爪哇、花生根结线虫具有抗性，是保护地早春及秋延后栽培的首选品种。

大田生产一般亩产7 500千克。

二十、春粉

沈阳市农业科学院育成。

春粉综合性状表现优良，中早熟，幼果有浅绿果肩，早春茬口栽培畸形果率明显低于金棚一号，果实均匀，颜色鲜艳，商品果率高。2008年3月通过辽宁省科学技术厅组织的成果鉴定。

特征特性：春粉为无限生长型，植株开展度中等；第8节左右着生第1花序，花序间隔3节；中早熟，幼果有浅绿果肩，成熟果粉红色，颜色鲜艳，果面光滑，果脐小，商品果率高，平均单果重211克；耐低温性强，抗 T_OMV。一般每亩产量7 000～8 000千克，适合东北地区保护地早春栽培。

栽培要点：沈阳及周围地区早春日光温室及大棚栽培1月下旬至2月上旬播种，株距35～40厘米，行距60～65厘米，每亩栽3 000株左右。露地栽培3月上旬播种，亩栽3 000～3 300株。定植时施足农家肥作底肥，配合使用三元复合肥。保护地栽培使用植物生长调节剂保花保果，并及时疏花疏果。追肥以磷钾肥最好，收获期要及时云掉底部的老叶和病叶。注意防治潜叶蝇和温室白粉虱等害虫。

二十一、红日

沈阳市农业科学院育成。2010 年 3 月通过辽宁省农学会组织的成果鉴定。

特征特性：红日为无限生长型，生长势中等，叶片稍稀，略上举，可适当密植。中晚熟，连续坐果能力强，普通栽培可留果 6 穗以上。开花集中，果穗内开花整齐，利于喷花和沾花。果实红色，中型果，单果质量 160 克左右，扁圆形，果面光滑，果脐小，硬度大，果肉厚，耐储运，货架期长，耐低温弱光，抗病毒病，耐晚疫病。亩产 7 000～13 000 千克，适合辽宁及东北地区保护地和露地栽培。

二十二、辽优一号

辽宁省农业科学院蔬菜研究所育成，2009 年参加辽宁省保护地番茄品种登记鉴定试验，表现优质、高产、抗病、耐储等优点。

特征特性：辽优一号番茄植株为无限生长型，第 5～6 节位着生第 1 花序，花序间隔 3 片叶，每花序 6～7 朵花，至 3 穗果处株高 70～85 厘米，开展度 70～80 厘米。幼果无绿果肩，果实红色。上下果实整齐均匀，商品性好。果面光滑，畸形果率 3.31％，裂果率 2.1％。田间病毒病自然发病率 14.4％，病情指数 2.3，田间表现抗病毒病；田间叶霉病自然发病率 42.7％，病情指数 13.8，田间表现抗叶霉病。平均单果重 161 克，3～6 个心室，果实中可溶性固形物含量 3.8％左右。果实硬度高，耐储运。

二十三、辽红六号

辽宁省农业科学院蔬菜研究所育成，2008 年参加辽宁省保护地番茄品种登记鉴定试验，表现优质、高产、抗病等优点。

特征特性：辽红六号植株为无限生长型，第 4～9 节位着生第 1 花序，花序间隔 3 片叶，每花序 6～7 朵花，至 3 穗果处株高 75～85 厘米，开展度 80～90 厘米。幼果无绿果肩，果实红色。上下果实整齐均匀，商品性好。果面光滑，畸形果率 5%，裂果率 1%。田间病毒病自然发病率 13.33%，病情指数 2.13，田间表现抗病毒病；田间叶霉病自然发病率 38.6%，病情指数 6.45，田间表现抗叶霉病。平均单果重 157 克，5～6 个心室，果实中可溶性固形物含量 4.1%左右。

二十四、辽红五号

辽宁省农业科学院蔬菜研究所育成，2005 年通过辽宁省非主要农作物备案办公室备案。

特征特性：植株为无限生长型，第 4～6 节位着生第 1 花序，花序间隔 2～3 片叶，每花序 6～7 朵花，至 3 穗果处株高 70～75 厘米，株幅 90～120 厘米。幼果无绿果肩，果实红色。上下果实整齐均匀，商品性好。平均单果重 220 克左右，果面光滑，畸形果率 4%，裂果率 3%。可溶性固形物 3.9%左右，品质优，果实硬度高，耐储运，抗病毒病和叶霉病，耐低温弱光能力强，抗热性强，中晚熟，生育期 118 天左右。丰产稳产，适于保护地和露地兼用栽培。

二十五、辽红四号

辽宁省农业科学院蔬菜研究所育成，2005 年 3 月通过辽宁省非主要农作物品种办公室备案。

特征特性：一代杂种。植株为无限生长型。普通叶形，叶色浓绿，叶面有光泽，叶片小而稀疏，植株通风透光性好。第 4～5 节位着生第 1 花序，花序间隔 3 片叶，每花序 5～8 朵花。幼果无绿果肩，果实成熟时果柄和萼片深绿色。成熟果实为红色、色泽鲜艳。果面光滑，果个整齐均匀，优果率高，果实商品性好，畸形果率 2%，裂果率 1%。平均单果重 140 克左右，3～6 个心室。果实中可溶性固形物含量 3.2%，可溶性糖 3.1%，有机酸 0.462%，每 100 克含维生素 C 5.8 毫克。果实硬度高、耐储运，适于长距离运输和出口。抗病毒病、叶霉病、筋腐病等病害。中晚熟，生育期 120 天左右。2004 年春大棚品种比较试验中，留 3 穗果种植平均亩产 7 671 千克。2004 年辽宁省春保护地区域试验中平均亩产 7 522 千克。该品种适于保护地栽培。

二十六、春优一号

辽宁省农业科学院蔬菜研究所育成，2007 年 3 月通过辽宁省非主要农作物品种办公室备案。

特征特性：一代杂种。植株无限生长型，植株长势中等，3 穗果株高 90～110 厘米，普通叶形，叶色深绿，表面无光泽。第 8～9 节着生第 1 花序，每花序间隔 3 片叶，每序 5～6 朵花。成熟果粉红色，稍有绿果肩，果实高圆形，果肉厚，心室多，果脐小，质沙，味酸甜适口，可溶性糖 5%左右，平均单果重 203 克左右。抗病毒病、叶霉病等病害，耐低温。收获集中，前期产量高。果形美观，果色鲜艳，硬度高耐运输。熟性中等，生育期120天左右。2006年辽宁省春保护地番茄区域试验中平均亩产6 694千克。适合早春和秋冬保护地栽培，同时适应露地栽培。

二十七、先丰

辽宁省农业科学院蔬菜研究所育成，2006年3月通过辽宁省非主要农作物品种办公室备案。

特征特性：一代杂种。植株无限生长型，植株长势中等，普通叶形，叶色深绿，表面无光泽。第8～9节着生第1花序，每花序间隔3片叶，每序5～6朵花。成熟果粉红色，稍有绿果肩，果实高圆形，果肉厚，心室多，果脐小，质沙味酸甜适口，可溶性糖4.8%左右，平均单果重200克左右。抗病毒病、叶霉病等病害，耐低温。收获集中，前期产量高。果肉厚耐运输。早熟，生育期120天左右。2005年辽宁省保护地番茄区域试验中平均亩产6 842千克。主要适合早春保护地栽培，同时适应露地栽培。

二十八、金冠七号

辽宁省农业科学院蔬菜研究所育成，2009年3月通过辽宁省非主要农作物品种办公室备案。

特征特性：一代杂种。植株为无限生长型，普通叶，第7～8节位着生第1花序，花序间隔3片叶，每果穗有4～6个果。成熟果实粉红色，无绿果肩，扁圆形。果面光滑，畸形果率5%，裂果率8%。平均单果重169克左右，3～6个心室。果实中可溶性固形物含量4%左右。耐低温弱光能力强，抗病毒病、叶霉病、筋腐病等病害。早熟，亩前期产量占总产量82%。2008年辽宁省春保护地区域试验中留3穗果种植，平均亩产6 207千克。该品种适于保护地栽培。

二十九、金冠六号

辽宁省农业科学院蔬菜研究所育成，2009年3月通过辽宁省非主要农作物品种办公室备案。

特征特性：植株为无限生长型，普通叶，第6～7节位着生第1花序，花序间隔3片叶，每果穗有4～6个果。成熟果实粉红色，无绿果肩，扁圆形。果面光滑，畸形果率7%，裂果率4%。平均单果重157克左右，5～12个心室。果实中可溶性固形物含量4.5%左右。果实硬度高，耐储运。耐低温弱光能力强，抗病毒病、叶霉病。早熟，亩前期产量占总产量82%。2008年辽宁省春保护地区域试验中平均亩产5 991千克。该品种适于保护地栽培。

三十、金冠五号

辽宁省农业科学院蔬菜研究所育成，2006年3月通过辽宁省非主要农作物品种办公室备案。

特征特性：植株为无限生长型，普通叶，第5～6节位着生第1花序，花序间隔0～3片叶，每果穗有3～6个果。幼果稍有绿果肩，成熟果实粉红色，扁圆形。果面光滑，畸形果率3%，裂果率13%。平均单果重179克左右，7～17个心室。果实中可溶性固形物含量3.8%左右。果实硬度高，耐储运。中早熟，亩前期产量占总产量67%。抗叶霉病、病毒病、筋腐病等病害。耐低温弱光、丰产稳产。2005年辽宁省春保护地区域试验中平均亩产6 863千克。

该品种适于保护地栽培。

三十一、金冠一号

辽宁省农业科学院蔬菜研究所育成，2005 年 3 月通过辽宁省非主要农作物品种办公室备案。

特征特性：植株为无限生长型，生长势强。普通叶型，叶色浓绿，叶片有光泽，茎粗壮节间较短，一般在第 5～7 节位着生第 1 花序，花序间隔 3 片叶，每花序 4～6 朵花。幼果有绿果肩，成熟果实粉红色，果肩绿色。果面光滑，果脐小，6～10 个心室，平均单果重 200 克左右。果实风味酸甜适口，品质优，耐储运，商品性好。高抗叶霉病，抗病毒病、筋腐病等病害。果实中可溶性固形物 4.5%、可溶性糖 6.1%、有机酸 0.502%、每百克维生素 C 含量 8.2 毫克。中熟，生育期 110 天左右，2003 年品种比较试验中留 3 穗果种植平均亩产 8 621 千克。2004 年辽宁春保护地区域试验中平均亩产 7 363 千克。该品种适于保护地栽培。

三十二、金棚一号

陕西省西安皇冠蔬菜研究所、西安金棚种苗有限公司育成，2003 年通过陕西省品种审定委员会鉴定。

特征特性：属无限生长型。植株生长势中等，开展度小，叶片较稀，茎秆细，节较短。主茎 7 节着生第 1 花穗，以后 3 叶着生一花穗。坐果能力强，果实高圆形，大小均匀，幼果无绿肩，光泽度好。畸形果、裂果极少。成熟果粉红色，无棱沟，着色均匀一致。平均单果重 200～250 克，大的可达 350～500 克。果肉厚，心室多，果实硬度 0.81 千克/平方厘米。耐储运性好，货架寿命长，风味佳。维生素

C 含量 0.134 毫克/克，可滴定酸 0.6%，可溶性固形物 3.6%，可溶性总糖 2.6%。高抗番茄花叶病毒，中抗黄瓜花叶病毒，高抗叶霉病，抗枯萎病，极少出现筋腐病。耐热性较好，光合效率高。熟性较早，果实膨大快，春季大棚栽培从开花到采收 40～50 天。

适宜地区：适宜华北、东北、西北日光温室、大棚等保护地秋延和春提早栽培，也适宜华东、华中及西南地区高山栽培和保护地栽培，亦可露地栽培。

栽培注意事项：（1）春提早栽培，幼苗 2～6 叶花芽分化期，严格保温，夜温不宜长期低于 12℃。秋延后栽培，注意培育壮苗，防止徒长。越冬栽培 12 月至翌年 1 月低温寡照阶段，要力争多采光，并做好保温工作。（2）底肥施足，追肥赶早，注意钙、镁、硼等元素的补充。第一穗少留果，秋延后、春提早栽培 3～4 穗、摘心。周年栽培、越冬栽培、春秋一大茬栽培，提倡 3～4 穗连续换头整枝。(3) 激素处理促进坐果宜轻。苗期低温多氮徒长形成的畸形花，浓度应更低。（4）合理密植，不可因叶稀、茎细而过多加大密度。春提早温室 3 000～3 500 株，秋延后 2 500～3 000 株，春大棚摘心 3 500～4 000 株。

三十三、金棚 M6

陕西省西安皇冠蔬菜研究所、西安金棚种苗有限公司育成。

特征特性：属无限生长型。植株性状、商品性和成熟期与金棚一号相当，果实粉红色，有以下特点：（1）高抗根结线虫。高抗南方根结线虫，高抗番茄花叶病毒，中抗黄瓜花叶病毒，在部分地区抗叶霉病，抗枯萎病。没有发现筋腐病。(2)果实硬度显著优于金棚一号，高圆形，光泽度好，耐储耐运，货架寿命长。一般单果重可达 200～250 克，大的可达 350 克以上。(3)连续坐果能力优于金棚一号，可连续坐 4～5 穗果实。适宜根结线虫严重地区温室、大棚秋延后、春提早栽培。

栽培注意事项：在栽培上，除了金棚一号应注意的事项外，还应注意：(1)抗根结线虫基因在土温高于 28℃时抗虫能力下降，请在高温季节根据当地情况酌情用药。建议用无根结线虫土或基质育苗。(2)本品种扦插苗抗根结线虫能力下降，请不要使用。(3)由于近年我国北方大部分地区叶霉病菌发生变异，致病能力更强，因此在栽培时应密切注意叶霉病的发生，必要时及时用药保护。(4)秋延栽培时间适当后延，以避免产生裂果。

三十四、金棚三号

陕西省西安皇冠蔬菜研究所、西安金棚种苗有限公司育成，是金棚一号的红果姊妹系。

特征特性：属无限生长型。植株生长势中等，开展度小，叶片较稀，茎秆细，节较短。主茎 7 节着生第 1 花穗，以后 3 叶着生 1 花穗。果实高圆形，大小均匀，幼果无绿肩，光泽度好。基本无畸形果、裂果。成熟果大红色，无棱沟，着色均匀一致。平均单果重 200～350 克。果肉厚，耐储耐运，货架寿命长，口感风味佳。高抗番茄花叶病毒，中抗黄瓜花叶病毒，高抗叶霉病和抗枯萎病，耐青枯病，灰霉病、晚疫病发病率低，极少发现筋腐病。耐热性好。熟性较早，果实膨大快。始收期可比同类品种早 10～15 天，前期产量较其高 30％～50％，总产量高 10％以上。适宜日光温室、大棚秋延后、春提早及露地、越夏栽培，也宜中小棚春提早栽培。

三十五、金棚 M215

陕西省西安皇冠蔬菜研究所、西安金棚种苗有限公司育成，是金棚 M6 的红果姊妹系。

特征特性：属无限生长型。植株长势较强，叶量较金棚三号略大，主茎第 7～8 节着生第 1 花穗。果实高圆，苹果形，幼果无绿肩，光泽度好，成熟果大红色，一般单果重 200～250 克，大的可达 350 克以上。果肉厚，硬度大，耐储运。高抗根结线虫（南方、爪哇和花生根结线虫），高抗番茄花叶病毒，高抗叶霉病，中抗黄瓜花叶病毒，抗枯萎病。耐寒性和连续坐果能力优于金棚三号。早熟，熟性与金棚三号相当，结果集中，前期产量高，总产量与金棚二号相当。

三十六、苏粉 11 号

江苏省农业科学院蔬菜研究所最新育成的高抗番茄黄化曲叶病毒病粉红果新品种。植株无限生长型，生长势强，叶量中等，第 1 花序着生在第 8～9 节位，每花序坐果 3～4 个，连续坐果能力强。果实高圆形，幼果浅绿色，成熟果粉红色，色泽均匀而富有光泽。单果重 200 克左右，大果可达 300 克，畸形果、裂果少，果肉厚，成熟果硬度较高，耐储运。果实风味好，可溶性固形物 4.8%。高抗番茄黄化曲叶病毒病（TYLCV）、T_OMV，抗叶霉病和枯萎病。亩产量 5 500 千克左右，适合于各种保护地栽培，尤其适合于番茄黄化曲叶病毒病发生严重地区栽培。

三十七、苏红9号

江苏省农业科学院蔬菜研究所最新育成的高抗番茄黄化曲叶病毒病大红果新品种。植株无限生长型，中熟，生长势旺盛，叶量中等，叶色浓绿，主茎第8～9节着生第1花序，花穗间隔3叶；每花序坐果3～4个，连续坐果能力强；果实近圆形，果面光滑，果脐及梗洼小，外形美观；果实硬度高，果肉厚，不易裂果，极耐储运；幼果淡绿色，成熟果大红色，无棱沟，着色均匀；每穗留3～4果时单果重180～200克，单果之间大小均匀，商品性好；冬春季栽培，果实可溶性固形物含量4.9%左右，品质优，风味好；高抗番茄黄化曲叶病毒病，抗枯萎病、T_OMV等病害。适合于番茄黄化曲叶病毒病发生严重地区日光温室、大棚栽培，每亩产量7 000千克以上。

三十八、苏粉9号

江苏省农业科学院蔬菜研究所最新培育的无限生长番茄新品种。

特征特性：植株茎秆粗壮，叶片厚硕，叶色深，长势强。果实外形美观，幼果无绿果肩，成熟果粉红色，色泽鲜艳、光亮。裂果、畸形果少，果肉口感好、甜酸适中。果实硬度高，耐储运，商品性好，每穗果成熟较一致，有利于集中采收上市，单果重230克左右。抗逆、抗病性强，低温下坐果能力突出，高抗叶霉病、烟草花叶病毒病，抗枯萎病，灰霉病、晚疫病发病率低。亩产量7 000千克以上。适宜大棚和日光温室栽培。

三十九、申粉8号

上海市农业科学院园艺研究所育成的一代杂种，2004年通过上海市农作物品种审定委员会品种认定。

特征特性：无限生长，早中熟，单果重200～250克，粉红果，果实圆整，圆球形，果面光滑，有4～5个心室，果实着色均匀，鲜艳。具有较好的耐低温弱光性能，田间筋腐病发病轻，果实商品性好，果实大小比较均匀，畸形果和裂果率低，果脐小，耐运输，可溶性固形物含量4.5%左右，高抗T_OMV、中抗CMV、高抗叶霉病生理小种1·2·3。一般在第6、7节位着生第1花序，每花序间隔2～3片叶，每个花序有5～6朵花。果实耐储运。春季大棚栽培亩产达到5 000千克以上。

栽培要点：长江中下游地区早春栽培于11月中下旬播种，12月底至翌年1月初带花蕾定植，栽培密度3 000株/亩，可采收至6、7月份。秋冬季栽培于7月上旬播种，8月初定植，附以覆盖保温可以进行秋延后栽培或越冬栽培，生长期可达10个月，采收期在6个月左右。

适宜种植地区：本品种适应性强，适合南方地区连栋大棚加温或不加温栽培，适合北方地区日光温室栽培。

四十、浦红10号

上海市农业科学院园艺研究所育成的一代杂种，2004年通过上海市农作物品种审定委员会品种认定。

特征特性：属于串番茄类型。无限生长，单果重130～150克，大红果，果实圆整，圆球形，果面光滑，果脐小，耐储运。可溶性固形物5.6%。抗T_OMV、抗CMV、高抗叶霉病生理小种 1・2・3。一般在第 7 节位着生第 1 花序，每花序间隔 3 片叶，每个花序有 6～7 朵花。每穗坐果 5～6 个，果实大小和果实成熟度基本一致，可成串采收。

产量表现：春季栽培亩产达到 4 200 千克以上。

四十一、世纪星

上海市农业科学院园艺研究所育成的番茄一代杂交种。

该杂交种无限生长型，第 7～8 节位即可开第 1 花序，以后每隔 3 叶坐 1 花序，每一花序 6～7 朵花，可坐果 5～6 个，且果实大小和成熟度基本一致，可像葡萄一样成串采收，熟性早、产量高，春栽亩产可达 4 200 千克以上；相对普通番茄而言，本品种叶色更深、生长势更强。单果重 130～150 克：果实红色，果脐小，果实圆整，色泽红润而有光泽感，外观漂亮；固形物含量高达 4.6%，且果皮硬，耐储运。

抗病毒病及高抗叶霉病的多个生理小种，栽培容易，符合省力化栽培的发展方向。

四十二、申粉 918

上海市农业科学院园艺研究所育成的番茄一代杂种。

该杂交种无限生长，中早熟，平均单果重 220～280 克，粉红果，果实圆整，圆球形，果面光滑，有 4～5 个心室，可溶性固形物 4.7%，品质好，果实着色均匀。苗期接种鉴定表明，本品种抗 T_OMV、抗 CMV、高抗叶霉病生理小种 1・2・3。春季栽培亩产达到 7 500 千克以上。在冬季加温或保温条件下生长期达到 10 个月以上，果实采收期达到 7 个月左右。一般在第 6、7 节位着生第 1 花序，每花序间隔

2～3 片叶，每个花序有 5～6 朵花。货架保存 10 天后优果率 90%。

本品种抗逆性强，适合长季节栽培，生长后期不早衰，抗叶霉病，果实不空洞。耐储运，是目前最佳的粉红外调番茄品种，在北京地区采后可储藏 1 个月左右。

四十三、浦红 909

上海市农业科学院园艺研究所育成的番茄一代杂种。

该杂交种无限生长型，中晚熟，在冬季加温或保温条件下生长期达到 10 个月以上，果实采收期达到 7 个月左右。一般在第 8 节位着生第 1 花序，每花序间隔 3 片叶，每个花序有 5～6 朵花。大红果，果实圆整，圆球形，果面光滑，果脐小，有 4～5 个心室，单果重 160～180 克。货架保存 15 天后优果率 100%，可溶性固形物 4.3%～4.5%之间，高抗 TMV、抗 CMV，在温室内表现为抗叶霉病，苗期鉴定表现为抗叶霉病生理小种 1、1·2、1·2·3、1·2·3·4。

四十四、申粉春晓

上海市农业科学院园艺研究所育成的番茄一代杂种。该杂交种无限生长型，生长势强，不早衰。该品种属早中熟，可进行长期栽培，连续坐果能力强，后期不早衰。耐低温和高温，在低温弱光条件下坐果能力强，果实膨大快。在冬季加温或保温条件下生长期长达 10 个月以上，果实采收期达 7 个月左右。一般在第 6、7 节位着生第 1 花序，每花序间隔 2～3 片叶，有 5～6 朵花。产量高，平均单果重 220 克左右，亩产可达 5 000～15 000 千克（按栽培季节而有差异）。

商品性优，耐储运。该品种果实着色均匀、鲜艳，粉红果，果实圆整、无绿肩，圆球形，果面光滑，有4～5个心室，果肉厚，大小均匀，畸形果和裂果率极低。可溶性固形物含量4.7%。果实硬度好，货架寿命长35天左右，货架保存10天后优果率90%。

抗病性强，适应性广。苗期接种鉴定表明，该品种高抗T_OMV，中抗CMV，高抗叶霉病生理小种1·2·3和枯萎病，田间未见茎腐病。该品种适合春提早、秋延后和越冬大棚、连栋大棚、日光温室和现代化玻璃温室栽培。

该品种于2003年秋季开始分别在上海郊区连栋大棚和普通大棚中试种，在上海地区连栋大棚春季栽培条件下产量可达到5 800千克/亩，秋季栽培可达4 700千克/亩，在春季普通管棚栽培中产量可达5 500千克/亩。2004年春起在江苏、安徽、河南等地试种并推广应用，在江苏南通地区春季普通大棚栽培中产量达7 200千克/亩，秋延后栽培产量达7 500千克/亩。

该品种适合南方地区连栋大棚及普通管棚栽培，也适合北方地区日光温室栽培。在上海、江苏、浙江、安徽、山东、河北、河南等地区均可推广应用。

四十五、星宇203

内蒙古包头市农业科学研究所育成的番茄一代杂种。2006年2月通过全国蔬菜品种鉴定委员会鉴定（国品鉴菜2006020）。

该杂交种植株无限生长型，幼果有绿色果肩，成熟果粉红色。中晚熟；平均单果重181.8克；可溶性固形物含量

4.6%，畸形果裂果率22.9%。田间表现抗病毒病和叶霉病，病情指数分别为6.43和7.21。

2003—2004年参加第六轮全国番茄品种区域试验，前期产量平均亩产2 683.3千克，总产量6 911.2千克。

栽培要点：苗龄60～70天，定植密度3 000～3 200株，育苗温度不宜过低，定植后要适当蹲苗，采用单秆整枝，每穗留果3～4个。要求施足基肥，及时追肥，特别是磷钾肥要充足。坐果后保持土壤水分均匀，使用植物生长调节剂时浓度不宜过高。

适宜在内蒙古、河南、山东、陕西、甘肃、新疆及相关地区作春季保护地种植。

四十六、皖粉五号

安徽省农业科学院园艺所育成。2006年2月通过全国蔬菜品种鉴定委员会鉴定（国品鉴菜2006019）。

该杂交种植株无限生长型，幼果无绿色果肩，成熟果粉红色。中熟；果实较大，平均单果重165.8克；可溶性固形物含量4.5%，畸形果裂果率14.4%。田间表现抗病毒病和叶霉病，病情指数分别为6.9和7.52。

2003—2004年参加第六轮全国番茄品种区域试验，前期产量平均亩产2 543.5千克，总产量6 158.6千克。

栽培技术要点：适宜保护地栽培，亩栽3 000～3 500株，单秆整枝，每株留3～4个果穗，每穗留3～4个果。生育期内白天温度保持在25℃，夜间15～17℃。施足基肥，少施氮肥，多施磷钾肥，果实膨大期间追肥浇水，忌大水漫灌。

适宜在北京、江苏、甘肃、新疆、内蒙古及相关地区种植。

四十七、东粉2号

辽宁东亚农业发展有限公司东亚种子科学研究院育成的番茄一代杂种。2006年2月通过全国蔬菜品种鉴定委员会鉴定（国品鉴菜2006018）。

该杂交种植株无限生长，幼果有绿果肩，成熟果粉红色。中晚熟，果实大小一般，平均单果重153.3克，可溶性固形物含量4.7%，畸形果裂果率14.8%。田间表现抗病毒病，病情指数5.43，抗叶霉病，病情指数11.38。

2003—2004年参加第六轮全国番茄品种区域试验，前期产量平均亩产2 471.7千克，总产量6 366.0千克。

栽培要点：沈阳地区1月底至3月中播种，苗期夜温不低于12℃，2～4片叶时夜温不低于14℃，苗龄不超过60天。底肥每亩施农家肥4 000千克，磷钾肥40～50千克，定植密度3 500株。每花穗留3～5个果，三穗果封顶，一般每株不超过12个果。果实转红期适当控水，防止温度过大引起裂果。

适宜在辽宁、内蒙古及相关地区作春季保护地种植。

四十八、浦红968

上海市农业科学院园艺研究所育成的番茄一代杂种。2006年2月通过全国蔬菜品种鉴定委员会鉴定（国品鉴菜2006016）。

该杂交种植株无限生长型，幼果无绿果肩，成熟果红色，中熟，果实大小一般，平均单果重128.4克，畸形果裂果率8.4%，可溶性固形物含量4.6%。田间表现抗病毒病，病情指数为 7.8，耐叶霉病，病情指数为 16.3。

2003—2004 年参加第六轮全国番茄品种区域试验，前期产量平均亩产 1 628.7 千克，总产量 4 470.7 千克。

栽培要点：长江中下游地区早春栽培于 10 月中下旬育苗，60 天后定植，栽培密度每亩 3 000 株。定植缓苗后要控制浇水，多次中耕，防止植株生长过旺。可采用吊蔓栽培，单秆整枝。第一穗果核桃大时随水冲施尿素 15 千克，氮、磷、钾复合肥 20 千克，15 天左右浇 1 次水，注意病害防治，适时采收。

适宜在内蒙古、陕西关中及相关地区作露地种植。

四十九、益丰

广东省广州市农业科学研究所育成的番茄杂交种。2006 年 2 月通过全国蔬菜品种鉴定委员会鉴定（国品鉴菜 2006015）。

该杂交种植株属无限生长型，中熟，生长势中等，主茎第 8～9 节着生第 1 花序，果实圆形，果面光滑，幼果有绿色果肩，成熟果鲜红色，平均单果重 110 克左右，畸形果裂果率 12.5％，可溶性固形物含量 4.5％。田间表现抗病毒病，病情指数 9.7，抗叶霉病，病情指数为 13.2。

前期产量平均每亩 2 046 千克，总产 4 366 千克。

栽培要点：适宜华南地区露地栽培，每亩施 2 000～3 000 千克腐熟有机肥，复合肥 25 千克，花生麸 50 千克，亩栽 2 000～2 500 株，双行种植，行距 50 厘米，株距 40 厘米，双秆整枝，注意保花保果，适时采收。

适重庆，广东及相关地区作春露地种植。

五十、中杂 101

中国农业科学院蔬菜花卉研究所育成的番茄一代杂种。2006 年 2 月通过全国蔬菜品种鉴定委员会鉴定（国品鉴菜 2006021）。

该杂交种植株无限生长型，节间长，生长势强，中早熟，果实圆形，幼果有绿色果肩，成熟果粉红色，平均单果重 190 克左右，果形圆正，畸形果裂果率 15.6%，可溶性固形物含量 4.6%。田间表现抗病毒病和叶霉病，病情指数分别为 7.30 和 7.12。

2003—2004 年参加第六轮全国番茄品种区域试验，前期产量平均亩产 2 398.1 千克，总产量 6 913.8 千克。

栽培要点：适宜保护地栽培，亩栽 2 000～2 500 株，苗龄不宜过长，以 50～60 天为宜，苗期温度不宜低于 10～15℃，施足底肥，及早追肥，适当加大磷钾肥比例，以防出现畸形果，及时采收，以防过熟裂果。

适宜在北京、上海、江苏、河北、河南、内蒙古、陕西、甘肃及相关地区作保护地种植。

五十一、北研 1 号

辽宁省抚顺市农业科学研究所育成的番茄一代杂种。2008 年 2 月通过全国蔬菜品种鉴定委员会鉴定（国品鉴菜 2008009）。

该杂种一代，早熟，无限生长型。生长势强，第 6～7 节着生第 1 花序，花序间隔 3 片叶。果实扁圆，成熟前果实绿白，成熟果红色，表面光滑，有绿肩，8～11 心室，平均单果重 191 克。可溶性固形物含量 4.7%，可溶性总糖

2.7%。抗病毒病、青枯病和叶霉病。

2005—2006 年参加第七轮全国鲜食番茄品种区域试验，前期产量平均亩产 2 833 千克，总产量平均亩产 5 409 千克；2007 年生产试验，前期产量平均亩产 2 538 千克，总产量平均亩产 5 662 千克。

栽培要点：苗龄期 60～65 天，单秆整枝，保护地每亩 3 500 株，露地每亩 3 300 株。带蕾定植，每株保留 8～10 个果，在最后一穗上 2～3 片叶摘心。喜肥水，每亩施有机肥 5 000 千克以上，每亩追施硫酸铵 10 千克作“催苗肥”；复合肥 20 千克作“攻秧肥”，第一穗果实膨大期时每亩追施过磷酸钙 20 千克。及时疏花疏果，整枝打杈。

2008 年 2 月经全国蔬菜品种鉴定委员会鉴定通过，适宜在北京、辽宁、河北、河南、甘肃、重庆、四川、广东省（市）等相关地区作露地栽培。

五十二、渝粉 109

重庆市农业科学研究院蔬菜花卉研究所育成的番茄一代杂种。2008 年 2 月通过全国蔬菜品种鉴定委员会鉴定（国品鉴菜 2008008）。

该杂种一代，中熟，无限生长型，植株生长势强。叶色浓绿，第一花穗着生于第 7～9 节，花间叶 2～3 片。每穗坐果 3～4 个，果实圆形或扁圆形，无绿色果肩，成熟果粉红色，平均单果重 188 克，可溶性固形物含量 4.6%，可溶性糖含量 3.12%，可滴定酸含量 0.28%，每百克维生素 C 含量 18.10 毫克，酸甜适中。抗病毒病，中抗枯萎病。

2005—2006 年参加第七轮全国鲜食番茄品种区域试验，前期产量平均亩产 2 582 千克，总产量平均亩产 5 197 千克；

2007 年生产试验，前期亩产量平均 2 460 千克，总产量平均亩产 5 420 千克。

栽培要点：长江流域可在 11 月上旬至 12 月上旬大棚冷床播种。翌年 3 月上旬用地膜加小拱棚定植。单株双秆整枝，亩植 2 400 株左右。北方可根据当地气候和生产习惯栽培。北方冬春茬在 9 月中下旬播种，10 中下旬地膜加小拱棚定植。用坐果灵或番茄灵稳花稳果；一般第一、第二穗果保留 2～3 个，以后可适当多些。

适宜在北京、甘肃、辽宁、山东、河北、河南、重庆、四川省（市）等相关适宜地区作露地栽培。

五十三、申粉 998

上海市农业科学院园艺研究所育成的番茄一代杂种。2008 年 2 月通过全国蔬菜品种鉴定委员会鉴定（国品鉴菜 2008007）。

该杂种一代，中晚熟，无限生长型。果形圆形，果实粉红色，平均单果重 194 克。可溶性固形物含量 5.0%，口感微甜。果实商品率 86%。抗 T_OMV，耐 CMV，抗叶霉病。

2005—2006 年参加第七轮全国鲜食番茄品种区域试验，前期产量平均亩产 1 772 千克，总产量平均亩产 6 119 千克；2007 年生产试验，前期产量平均亩产 1 817 千克，总产量平均亩产 6 442 千克。

栽培要点：适合保护地秋延后以及冬春长周期栽培，特别适合现代化温室长周期栽培。单秆整枝，及时打杈、绑秧，摘除老叶。缓苗后坐果前，要促根控秧，防止植株旺长。第 1 花序坐果前后可用 30 毫克/千克的防落素喷花促进坐果。生长期内注意适当均匀供应水分。果实及时采收，防止裂果。

适宜在上海、辽宁、陕西、河北、河南省（市）等相关适宜地区作保护地栽培。

五十四、苏粉8号

江苏省农业科学院蔬菜研究所育成的番茄一代杂种。2008年2月通过全国蔬菜品种鉴定委员会鉴定（国品鉴菜2008004）。

该杂种一代，中晚熟，无限生长型，生长势中等。叶片较稀，主茎8～9节着生第1花序，花穗间隔3叶，每花序坐果4～5个，坐果性好。果实近圆形，果皮厚而坚硬，幼果无绿果肩，成熟果粉红色，无棱沟，着色均匀一致，单果重182克，可溶性固形物含量4.6%，酸甜适中。高抗叶霉病、T_OMV，抗枯萎病，灰霉病、晚疫病发病率低。

2005—2006年参加第七轮全国鲜食番茄品种区域试验，前期产量平均亩产2 406千克，总产量平均亩产6 590千克；2007年生产试验，前期产量平均亩产2 889千克，总产量平均亩产7 646千克。

栽培要点：春季苗龄70天左右，大棚3月上中旬定植，露地在断霜前后定植。春季大棚早熟栽培行距70～80厘米，株距30～35厘米，每亩3 500～4 000株；第一穗果长到核桃大小时，结合浇水，施入催果肥，施用量要大于提苗肥。结果盛期开始重施肥，水分要充足，每亩追施尿素30～35千克，同时注意追施磷、钾肥和叶面喷肥。结果后期视植株生长情况及时补肥；浇水时切忌大水漫灌。

适宜在北京、甘肃、河北、黑龙江省（市）等相关适宜地区作保护地栽培。

五十五、东农 712

东北农业大学园艺系育成的番茄一代杂种。2008 年 2 月通过全国蔬菜品种鉴定委员会鉴定（国品鉴菜 2008003）。

该杂种一代，中熟，无限生长型，生长势强。每隔 3 片叶着生 1 个花序。幼果无青肩，成熟果粉红色。果实形状为圆形，果脐小，果肉厚，果实光滑圆整，平均单果重 187 克。耐储运、不裂果、硬度大。高抗 T_OMV、叶霉病、枯萎病和黄萎病。

2005—2006 年参加第七轮全国鲜食番茄品种区域试验，前期产量平均亩产 2 078 千克，总产量平均亩产 6 610 千克；2007 年生产试验，前期产量平均亩产 2 232 千克，总产量平均亩产 7 289 千克。

栽培要点：哈尔滨地区大棚栽培 1 月中下旬播种，日光温室 12 月上中旬播种，苗龄为 70～75 天。株行距（30～35）厘米×（60～65）厘米，单秆整枝，每亩 2 800～3 200 株。每穗留果 4～5 个，保护地栽培用植物生长调节剂保花保果，使用植物生长调节剂时要注意浓度不能过高，育苗时温度不要低于 8℃。

适宜在黑龙江、辽宁、河北、内蒙古、陕西、河南、甘肃省（区）等相关适宜地区作保护地栽培。

五十六、浙杂 205

浙江省农业科学院蔬菜研究所育成的番茄一代杂种。2008 年 2 月通过全国蔬菜品种鉴定委员会鉴定（国品鉴菜 2008002）。

该杂种一代，中晚熟，无限生长型，长势较强。茎秆健壮，植株开展度较小，叶色浓绿，叶片肥厚。花序间隔3叶，坐果性、耐低温和弱光能力好。果实高圆形，幼果淡绿色、无果肩，果表光滑，无棱沟，果洼小，果脐平，花痕极小，成熟果大红色，色泽鲜亮，单果重124克。果皮韧性好，裂果和畸形果极少，耐储运。可溶性固形物含量4.4%。高抗番茄烟草花叶病毒、枯萎病，中抗叶霉病。

2005—2006年参加第七轮全国鲜食番茄品种区域试验，前期产量平均亩产1 293千克，总产量平均亩产6 123千克；2007年生产试验，前期产量平均亩产1 322千克，总产量平均亩产6 369千克。

栽培要点：适合保护地栽培，冬春茬在9月中下旬育苗，10月下旬定植；早春茬在12月上旬播种，翌年2月中旬定植；秋延后栽培于7月中下旬播种，8月中下旬定植。单秆整枝或一秆半整枝，每亩2 500～2 800株。每花序宜保留3～4果，打杈不可过早，如果采用单秆整枝，第一花穗下部的侧枝应在长至8～10厘米长时进行，其他所有侧枝应在腋芽长至3～5厘米时进行。第一穗果实充分膨大后，可逐步将植株基部的老叶打掉。

适宜在浙江、北京、辽宁、黑龙江、内蒙古、甘肃省（区、市）等相关适宜地区作保护地栽培。

五十七、莎龙

山东省青岛市农业科学研究院育成的番茄一代杂种。2008年2月通过全国蔬菜品种鉴定委员会鉴定（国品鉴菜2008001）。

该杂种一代，中早熟，无限生长型，生长势强。叶色灰绿，总状花序。坐果率高，果面光滑，耐储藏，室温货架期 20 天左右，果实圆及扁圆，果形指数 0.85，果色红，单果重 132 克，可溶性固形物含量 4.7%。抗 T_OMV、CMV、枯萎病和青枯病，中抗叶霉病和南方根结线虫病。

2005—2006 年参加第七轮全国鲜食番茄品种区域试验，前期产量平均亩产 1 943 千克，总产量平均亩产 6 416 千克；2007 年生产试验，前期产量平均亩产 2 147 千克，总产量平均亩产 6 271 千克。

栽培要点：春保护地栽培 12 月至翌年 2 月播种，春露地栽培 2—4 月播种，春露地和春保护地公顷保苗 45 000～52 500 株，行距 60 厘米，株距 35～40 厘米。日光温室周年栽培 7 月底至 8 月底播种，公顷保苗 300 000 株，大行距 120 厘米，小行距 50～60 厘米，株距 35～40 厘米。花期用番茄坐果灵点花时及时疏花（疏花而不是疏果），留 4 花；下部果采收后疏掉老叶、病叶。

适宜在山东、北京、辽宁、内蒙古、江苏、浙江省（区、市）等相关适宜地区作保护地栽培。

五十八、北研 2 号

辽宁省抚顺市北方农业科学研究所育成的番茄一代杂种。2008 年 2 月通过全国蔬菜品种鉴定委员会鉴定（国品鉴菜 2008005）。

该杂种一代，早熟，无限生长型，生长势中等。叶色深绿，第 6～7 节着生第 1 花序，间隔 3 叶着生下 1 花序。成熟果粉红色，果实圆形，无果肩，果脐小，平均单果重 179 克，商品率 87.7%。可溶性固形物含量 4.8%，可溶性总糖 2.7%。耐低温、弱光能力强，抗病毒病、叶霉病。

2005—2006 年参加第七轮全国鲜食番茄品种区域试验，前期产量平均亩产 2 064 千克，总产量平均亩产 6 028 千克；2007 年生产试验，前期产量平均亩产 2 249 千克，总产量平均亩产 6 842 千克。

栽培要点：春保护地和露地栽培，苗龄期 60～65 天，单秆整枝，保护地每亩 3 500 株，露地每亩 3 300 株。带蕾定植，每株保留 8～10 个果，在最后一穗上 2～3 片叶摘心，喜肥水。及时疏花疏果，整枝打杈。

适宜在北京、上海、河北、陕西、甘肃、江苏、辽宁省（市）等相关适宜地区作保护地栽培。

五十九、中杂 105

中国农业科学院蔬菜花卉研究所育成的番茄一代杂种。2008 年 2 月通过全国蔬菜品种鉴定委员会鉴定（国品鉴菜 2008006）。

该杂种一代，中晚熟，无限生长型。幼果无绿果肩，成熟果实粉红色，畸形果裂果率小，平均单果重 181 克。可溶性固形物含量 4.6%。抗病毒病、叶霉病、枯萎病。

2005—2006 年参加第七轮全国鲜食番茄品种区域试验，前期产量平均亩产 2 370 千克，总产量平均亩产 6 634 千克；2007 年生产试验，前期产量平均亩产 3 074 千克，总产量平均亩产 7 385 千克。

栽培要点：春季保护地栽培苗龄不宜超过 50 天，秋季苗龄不宜超过 30 天。冬、春季节育苗，夜间温度要保持在 11℃以上。平均每亩 2 500～3 000 株。定植时要多施有机肥，中、后期要加强水肥管理，开花期可用适宜浓度的生长素沾花，保花保果。果实采收前 1～2 天不要大水漫灌，成熟后及时采收。

适宜在北京、上海、河北、辽宁、陕西、河南、江苏省（市）等相关适宜地区作保护地栽培。

六十、华番3号

华中农业大学育成。无限生长型，中熟。果实扁圆形，红色，果实硬度中等，平均单果重125.4克，可溶性固形物含量4.8%，口感适中。果实畸裂果率为10%，商品果率83.6%。

2009年第8轮全国区试前期产量平均为2 723.9千克/亩，总产量平均6 789.1千克/亩。

抗病毒病，中抗叶霉病。

在包头、北京、洛阳、上海、苏州、太原及相关地区适宜种植。

六十一、苏红8号

江苏省农业科学院蔬菜研究所育成。无限生长型，中熟。果实圆形，红色，果实硬，平均单果重124.6克，可溶性固形物含量4.3%，口感适中。果实畸裂果率为6.8%，商品果率88.1%。

2009年第8轮全国区试前期产量平均为2 223.8千克/亩，总产量平均6 613.1千克/亩。抗病毒病，中抗叶霉病。

在包头、北京、洛阳、宁波、杭州、太原及相关地区适宜种植。

六十二、烟番8号

山东省烟台市农业科学研究院蔬菜所育成。无限生长型，中熟。果实圆形，红色，果实硬，平均单果重 131.9 克，可溶性固形物含量 4.7%，口感适中。果实畸裂果率为 6.5%，商品果率 88.1%。

2009 年第 8 轮全国区试前期产量平均为 1 844.2 千克/亩，总产量平均 5 827.9 千克/亩。抗病毒病和叶霉病。

在包头、哈尔滨、洛阳、宁波、杭州、太原及相关地区适宜种植。

六十三、星宇 205

内蒙古包头市农业科学研究所育成。无限生长型，中熟。果实圆形，红色，果实硬，平均单果重 158.6 克，可溶性固形物含量 4.7%，口感适中。果实畸裂果率为 12.7%，商品果率 86.0%。

2009 年第 8 轮全国区试前期产量平均为 2 364.8 千克/亩，总产量平均 7 077.1 千克/亩。抗病毒病和叶霉病。

在包头、北京、抚顺、哈尔滨、洛阳、上海、苏州、太原及相关地区适宜种植。

六十四、保丰 2 号

山西省农业科学院蔬菜研究所育成。无限生长型，中晚熟。果实扁圆形，红色，果实硬度中等，平均单果重 169.2 克，可溶性固形物含量 5.4%，口感适中。果实畸裂果率为 16%，商品果率 81.6%。

2009 年第 8 轮全国区试前期产量平均为 2 415.6 千克/亩，总产量平均 5 964.9 千克/亩。抗病毒病和叶霉病。

在上海、洛阳、沈阳、南京及相关地区适宜种植。

六十五、粉莎1号

山东省青岛市农业科学院育成。该品种为植株无限生长型，中熟。果形为圆形，成熟果实粉红色，果实硬度为中等，平均单果重216.9克，可溶性固形物含量5.09%，口感适中。果实平均商品果率77.32%。

2009年第8轮全国区试前期产量平均为3 040.57千克/亩，总产量平均7 285.9千克/亩。抗病毒病和叶霉病。

在上海、青岛、宁波及相关地区适宜种植。

六十六、红秀

辽宁省沈阳市农业科学院育成。该品种为无限生长型，中晚熟。果实扁圆形，红色，果实硬，平均单果重120.7克，可溶性固形物含量4.8%，口感适中。果实畸裂果率为6.1%，商品果率89.1%。

2009年第8轮全国区试前期产量平均为2 274.2千克/亩，总产量平均7 363.4千克/亩。抗病毒病和叶霉病。

在包头、北京、抚顺、洛阳、宁波、上海、杭州、太原及相关地区适宜种植。

六十七、莎冠

山东省青岛农科院育成。该品种为无限生长型，中熟。果实扁圆形，红色，果实硬，平均单果重103.2克，可溶性固形物含量4.8%，口感适中。果实畸裂果率为5.1%，商品果率90.9%。

2009年第8轮全国区试前期产量平均为2 496.2千克/亩，总产量平均6 710.5千克/亩。抗病毒病和叶霉病。

在包头、抚顺、哈尔滨、洛阳、宁波、上海、杭州、太原及相关地区适宜种植。

六十八、W06-6

河南省郑州市蔬菜研究所育成。该品种为无限生长型，中熟。果形为圆形，成熟果实粉红色，果实硬度为中等，平均单果重 215.1 克，可溶性固形物含量 4.88%，口感适中。果实平均商品果率 78.45%。畸裂果率低。

第 8 轮全国区试 2009 年前期产量平均为 2 420.3 千克/亩，总产量平均 6 822.2 千克/亩。抗病毒病，中抗叶霉病。

在上海、青岛、沈阳、新绛及相关地区适宜种植。

六十九、浙粉 208

浙江省农业科学院蔬菜所育成。该品种为无限生长型，中晚熟。果形为圆形，成熟果实粉红色，果实硬度为中等，平均单果重 185.4 克，可溶性固形物含量 5.59%，口感适中。果实平均商品果率 76.18%，畸裂果率低。

2009 年第 8 轮全国区试前期产量平均为 2 210.0 千克/亩，总产量平均 6 291.40 千克/亩。抗病毒病，中抗叶霉病。

适于浙江及相关地区种植。

七十、苏粉 10 号

江苏省农业科学院蔬菜研究所育成。该品种为植株无限生长型，中熟。果形为高圆形，成熟果实粉红色，果实硬度为中等，平均单果重 209.1 克，可溶性固形物含量 4.97%，口感适中。果实平均商品果率高，为 79.95%，畸裂果率低。

2009 年第 8 轮全国区试前期产量平均为 3 011.03 千克/亩，总产量平均 7 632.64 千克/亩。

七十一、北研 4 号

辽宁省抚顺市北方农业科学研究所育成。该杂交种为无限生长型，中熟。果形为圆形，成熟果实粉红色，果实硬度为中等，平均单果重 232.5 克，可溶性固形物含量 4.68%，口感酸甜适中。果实平均商品果率 73.91%。

2009 年第 8 轮全国区试前期产量平均为 2 667.33 千克/亩，总产量平均 6 874.3 千克/亩。抗病毒病和叶霉病。

青岛、苏州、洛阳和哈尔滨及相关地区适宜种植。

七十二、天正粉奥

山东省农业科学院蔬菜研究所育成。该杂交种为无限生长型，中熟。果形为高圆形，成熟果实粉红色，果实硬度为较硬，平均单果重 195.6 克，可溶性固形物含量 4.96%，口感适中。果实平均商品果率 74.2%。

2009 年第 8 轮全国区试前期产量平均为 2 486.6 千克/亩，总产量平均 6 068.8 千克/亩。抗病毒病和叶霉病。

七十三、天骄 806

内蒙古呼和浩特市广禾农业科技有限公司育成。该杂交种为无限生长型，中熟。果形为高圆形，成熟果实粉红色，果实硬度为较硬，平均单果重 199.9 克，可溶性固形物含量 4.9%，口感适中。果实平均商品果率 85.23%。畸裂果率低。

2009年第8轮全国区试前期产量平均为2 599千克/亩，总产量平均7 250千克/亩。抗病毒病，中抗叶霉病。

在上海、青岛、包头、沈阳、宁波及相关地区适宜种植。

七十四、洛番12号

河南省洛阳市农业科学院育成。该杂交种为植株无限生长型，中早熟。果形为高圆形，成熟果实粉红色，果实硬度为较硬，平均单果重208.8克，可溶性固形物含量4.79%，口感适中。果实平均商品果率83.63%，畸形果率低。

2009年第8轮全国区试前期产量平均为3 516.4千克/亩，总产量平均8 062.2千克/亩。抗病毒病和叶霉病。

栽培要点：河南地区保护地栽培、早春栽培，11月下旬播种育苗，秋季栽培7月15日左右播种育苗，秋延后栽培8月15日左右播种育苗，越冬栽培9月上旬播种育苗。两叶一心分苗，也可直接播种于营养钵内，植株带蕾定植，每亩定植3 300～3 500株。采用单秆整枝，春秋栽培留4穗果，越冬栽培留6～8穗，每穗留3～4个果。采用2.4D或防落素防止落花落果，促进坐果及果实发育。注意防治病虫害。

在上海、包头、苏州、洛阳、沈阳、新绛、宁波及相关地区适宜种植。

七十五、06-2

中国农业科学院蔬菜花卉研究所育成。该杂交种为无限生长型，中熟。果形为高圆形，成熟果实粉红色，果实硬度为中等，平均单果重 201.5 克，可溶性固形物含量 4.91%，口感适中。果实平均商品果率 79.12%。

2009 年第 8 轮全国区试前期产量平均为 2 846.2 千克/亩，总产量平均 7 451.6 千克/亩。抗病毒病和叶霉病。

在上海、苏州、哈尔滨和宁波试点未发病，包头、新绛试点发病较重，其他试点发病较轻。

北京、洛阳和沈阳及相关地区适宜种植。

七十六、申粉 v—1

上海市农业科学院园艺所育成。该杂交种为无限生长型，中熟。果形为圆形，无绿果肩。果实整齐度好，成熟果实粉红色，果实硬度为中等，平均单果重 169.5 克，可溶性固形物含量 4.72%，口感适中。果实平均商品果率 84.59%。畸裂果率较低。

2009 年第 8 轮全国区试前期产量平均为 2 315.4 千克/亩。总产量平均 7 629.5 千克/亩。

抗病毒病和叶霉病，抗根结线虫，耐番茄黄化曲叶病毒病。

栽培要点：本品种耐 TYLCV，田间仍需做好烟粉虱的防治，以免发病。长江中下游地区早春栽培于 11 月中下旬播种，12 月底至翌年 1 月初带花蕾定植，栽培密度 3 000 株/亩，可采收至 6、7 月份。秋冬季栽培于 7 月上旬播种，8 月初定植，附以覆盖保温可以进行秋延后栽培或越冬栽培，生长期可达 10 个月，采收期在 6 个月左右。

适宜种植地区：本品种适应性强，适合南方地区连栋大棚加温或不加温栽培，适合北方地区日光温室栽培。可在目前 TYLCV 危害严重的地区做日光温室、塑料大棚等保护地秋番茄栽培。

在上海、哈尔滨、沈阳、新绛、南京及相关地区适宜种植。

七十七、东农 715

东北农业大学番茄研究所育成。该杂交种为无限生长型，中熟。果形为圆形，成熟果实粉红色，果实硬度较硬，平均单果重 205.5 克，可溶性固形物含量 5.6%，口感适中。果实平均商品果率 83.97%，畸裂果率低。

2009 年第 8 轮全国区试前期产量平均为 2 672.1 千克/亩。总产量平均 7 100.2 千克/亩。病毒病在沈阳试点发病较轻，其他试点未发病；叶霉病在上海、苏州、哈尔滨和宁波试点未发病，包头、新绛点发病较重，其他点发病较轻。

北京、青岛、洛阳、哈尔滨、新绛、宁波及相关地区适宜种植。

七十八、佳粉 18 号

北京市农林科学院蔬菜研究中心育成。该杂交一代种无限生长型，中熟，粉色硬肉，货架保鲜期长，耐储运，以圆形果为主，单果重 200 克左右，商品果率高。

七十九、佳粉 19 号

北京市农林科学院蔬菜研究中心育成。该杂交一代种无限生长型，中熟，果大整齐，商品果率高，粉色硬肉，以圆形果为主，未成熟果有绿肩，单果货架保鲜期长，耐储运，高抗叶霉病及 T_OMV，适合保护地兼露地栽培。

八十、佳红4号

北京市农林科学院蔬菜研究中心育成。该杂交一代种红果抗裂，耐储运。无限生长型，中熟偏早，高抗番茄花叶病毒病和叶霉病，果形周正圆形，单果重120～150克。果肉硬，耐储运，商品果率高，适宜保护地兼露地栽培。

八十一、佳红5号

北京市农林科学院蔬菜研究中心育成。该杂交一代种为最新选育的硬肉、耐储运型番茄新品种，无限生长型，中熟，红果，硬肉，耐裂性强，可成串采收，单果重130～150克，果形周正均匀，成熟果亮红润泽，商品性好，高抗叶霉病及T_OMV，适合各种保护地和露地栽培。

八十二、佳红6号

北京市农林科学院蔬菜研究中心育成。该杂交一代种为红色硬肉、耐储运型番茄新品种。无限生长型，中熟，果皮韧性好、耐裂果性强，单果重150～200克，产量高，高抗叶霉病及T_OMV，抗线虫，适合各种保护地兼露地栽培。

栽培要点：保护地、露地均可种植，12月份育苗，每亩用种25克，苗龄70～75天，二叶一心时分苗，育苗期温度不低于15℃，秧苗带蕾时定植，定植前喷杀毒矾一次。利用无限生长习性，三穗果摘完之后，培养一个生长点，把老秧子盘下去，然后用这个枝，它还结三穗，等摘完之后，再盘下去，它还结三穗果，结三茬，即利用它的无限生长类型使其连续坐果。

八十三、美丽莎

青岛市农业科学研究院选育的番茄一代杂种。

特征特性：无限生长类型，大果型，果色红艳，圆整，大小均匀，无棱，果皮光滑，无青肩，总状花序。每穗可坐果6～10个，每穗留果4个，平均单果重150～180克左右，可溶性固形物含量4.8%。抗病，高产，亩产量可达10 000千克，条件好的冬暖棚可达1.5万千克。果实硬度大，耐储运，室温下（25℃）储放时间15～30天。适宜春、秋保护地、露地栽培。

分布及利用价值：能够种植番茄的任何地区，特别适合出口蔬菜、长途运输蔬菜生产基地。

栽培要点：青岛地区春保护地栽培12月至翌年2月播种，3 000～3 330株/亩，行距60厘米，株距35～40厘米。冬暖棚周年栽培7月底至8月底播种，2 000株/亩，大行距120厘米，小行距50～60厘米，株距35～40厘米。也可越夏覆盖遮雨栽培，4月育苗，一直收获至10月底。

重施基肥，腐熟鸡粪3 330千克/亩，复合肥100千克/亩。在采收的盛期不断追肥，叶面喷0.3%磷酸二氨。下部果实采收后疏掉底部老叶、病叶。开花时间用番茄灵或2,4-D处理。处理浓度以10～20毫克/升为宜，当每花序上有2～3朵花开放时，用小型喷雾器直接向花序上喷1次或浸一次。因品种的坐果能力极强，故应在处理的同时及时疏掉多余的花。

八十四、喀秋莎

青岛市农业科学研究院选育的番茄一代杂种。

特征特性：无限生长型，中小果型，果色红艳，圆整，大小均匀，无棱，果皮光滑，无青肩，总状花序。每穗可坐果8～12果，平均单果重70克左右，可溶性固形物含量5%以上。高抗叶霉病，中抗根结线虫病。高产，产量可达每亩10 000千克，条件好的冬暖棚可达1.5万千克。果实硬度大，耐储运，室温下（25℃）储放时间12～15天。适宜春、秋保护地、露地栽培。

栽培要点：同美丽莎。

分布及利用价值：喜欢种植串收番茄的地区。

八十五、瑞德莱特

美国圣尼斯种子公司新选育出的极早熟番茄新品种。

特征特性：无限生长型，生长势强，极早熟。主茎第4～5节着生第1花序，果实近圆形，无绿果肩，果色大红，果形光滑圆正、大小均匀，单果重200克，果肉厚0.8厘米，硬度好，耐储运。综合抗性较强。适宜春、秋大棚及露地栽培，亩产7 000千克左右。

栽培要点：长江流域早春大棚栽培一般在11月中旬播种，温床冷床均可。翌年2月上旬至3月上旬定植，4月中旬至5月中旬上市。露地栽培一般在1—2月播种，3—4月定植，5—6月上市。

八十六、红宝609

云南省昆明锦绣绿色种业有限公司育成。

特性特征：无限生长型，植株长势较强，第7～8节着生第1花序，每序花结4～5个果，平均单果重300～320克；果实微扁圆，成熟果色为大红色，无绿肩，不易裂果，口感酸甜适中，商品性好，果实硬，耐储运，在常温下货架期 20 天以上。高抗病毒病。

栽培要点：该品种植株长势旺盛，生长能力强，喜肥水；株行距一般为 45～60 厘米，每亩定植不超过 2 000 株为宜，种植时宜双秆整枝，每序留 4～5 个果；增施有机肥，追施磷钾肥，忌过多施用氮肥；露地及保护地均适宜栽培。

八十七、红宝 708

云南省昆明锦绣绿色种业有限公司育成。

特性特征：无限生长型，长势旺盛，叶色浓绿，株幅 64 厘米×75 厘米，第 6～7 节着生第 1 花序，每穗花序结 8 个果左右，花穗间隔 2～3 节：萼片平展，平均单果重 200～250 克，果实为微扁、大红色，均匀光滑，商品率高，耐储运，在常温下货架期 30 天左右；抗逆、抗病能力强。

八十八、红宝 308

云南省昆明锦绣绿色种业有限公司育成。

特性特征：无限生长型，长势旺，第 7～8 节着生第 1 花序，每序花结 6～8 个果，平均单果重 200～250 克，果实扁圆，成熟果色为鲜红色，果实均匀，无绿肩，萼片平展，果肩部呈瓣状，商品率高，耐储运，在常温下货架期 30 天左右；抗逆、抗病能力强。

八十九、东农 711

东北农业大学园艺学院育成的杂种一代，2005 年通过黑龙江省农作物审定委员会审定。

特征特性：无限生长型，生长势强，中晚熟。果实红色，中型果，圆形，果面平滑，果脐小，外形美观，单果重 160～180 克。可溶性固形物含量 5.1%，还原糖 4.2%，糖酸比 6.17。畸形果率为 0.2%，裂果率为 0.3%，整齐度极高，果肉厚，耐储运，室温下（25℃）货架期长达 25 天。耐高温和弱光能力强，高抗 T_OMV、黄萎病和枯萎病。每亩产量 8 500～13 000 千克。

适合全国各地保护地和露地栽培，特别适合早春和秋延后保护地栽培。

栽培要点：哈尔滨地区春大棚栽培 1 月中旬播种，4 月初定植，株距 35～40 厘米，行距 60～65 厘米，每亩栽 3 000 株。日光温室周年栽培一般 6 月至 8 月底播种，大行距 120 厘米，小行距 50～60 厘米，株距 35～40 厘米，每亩栽 2 000 株。定植时施足农家肥作底肥，配合施用三元复合肥，要注意避免钾肥不足。及时使用植物生长调节剂保花保果。及时疏花疏果，每穗留 4～6 个果。采收期及时追肥，下部果实采收后要摘除老叶和病叶。

九十、晋番茄 6 号

山西省农业科学院蔬菜研究所育成，2008 年通过山西省农作物品种审定委员会审定。

特征特性：中早熟，无限生长型。植株生长势较强，不易发生畸形果、裂果，果实硬度较好，较耐储运，品质风味好。普通叶型，叶量中等，第 6～7 节着生第 1 花序。果实近圆形，成熟果大红色，无绿色果肩，果面光滑，果脐小，单果质量 180～250 克。高抗 TMV，中抗 CMV。

产量表现：2006—2007 年参加山西省早春保护地番茄品种区域试验，2006 年平均每亩产量 6 981.0 千克，2007

年平均每亩产量 6 622.0 千克。

九十一、艳红 2 号

山西强盛种业有限公司育成，2008 年通过山西省农作物品种审定委员会审定。

特征特性：中晚熟，无限生长型。植株生长势较强，易坐果，无畸形果和裂果。果实硬度较高，果肉厚，较耐储运。叶片浓绿色，果实高圆形，成熟果大红色，果面光滑，果实较大，单果质量 300 克左右。

产量表现：2006—2007 年参加山西省早春露地番茄品种区域试验，2006 年平均每亩产量 4 907.3 千克，2007 年平均每亩产量 4 611.6 千克。

适宜山西省食用红果地区露地栽培。

九十二、桂宝 6 号

广西果蔬研究所育成的硬果型一代杂种。

特征特性：早中熟，植株无限生长型，长势健壮，叶色深绿，节间中等，始花节位为第 9～10 节，每个花序间隔 2～3 片叶，坐果力强，抗病性强；果实微扁圆形，大红色，着色均匀亮丽，果肉厚，果胶质丰富，抗裂能力强，耐储运，货架期可长达 20 天；单果质量 150～200 克，每亩产量可达 8 000 千克以上。果实风味浓郁，适合生食、凉拌、炒食。

九十三、杭杂 301

浙江省杭州市农业科学研究院育成的抗番茄黄化曲叶病毒病（TYLCV）新品种。

特征特性：为无限生长型，植株生长势强；中早熟品种，第1花序着生于第7～8节，花序间隔3叶；每花序坐果5～7个，连续坐果能力强；果形指数0.85，果实扁圆形，果面光滑，2～3心室，果脐及梗洼小；果肉厚，果实硬度1.05千克/平方厘米，耐储运；成熟果大红色，着色一致，无果肩，商品性好；每穗留3～4个果时，单果质量170.9克；品质佳，每千克含维生素C 198.0毫克，可溶性固形物5.07%；高抗TYLCV，春大棚栽培每亩产量6 000千克，秋大棚栽培每亩产量4 800千克，适于番茄黄化曲叶病毒病发生严重的地区栽培。

栽培要点：在长江流域保护地越冬长季节栽培，于8月底至9月上旬播种育苗，10月上旬定植，翌年2月初至7月底采收；大棚早熟栽培，于11月下旬至12月上旬播种，翌年2月中下旬定植，3月下旬至7月下旬采收；秋延后栽培于6月中旬播种育苗，7月中下旬定植，9月下旬开始采收；高山露地栽培，于3月中旬采用大棚播种育苗，4月下旬定植。

九十四、仙客1号

北京市农林科学院蔬菜研究中心育成的抗线虫番茄杂交种。

植株为无限生长型，中熟显早。生长势强，连续坐果性好，特别在夏秋高温季节，空穗少。果实稍扁圆、圆和高圆形，幼果有绿肩，成熟果粉红色，中大果、平均单果质量180克，大果可达350克，果肉硬、耐运输，口感风味好。对根结线虫、枯萎病、T_OMV和叶霉病具有复合抗性。适合北方保护地和南方露地根结线虫危害严重的地区直接使用，亦可作为防治根结线虫的砧木品种。

九十五、仙客5号

北京市农林科学院蔬菜研究中心最新育成的粉果抗线虫专用番茄一代杂种。

植株为无限生长型，主茎第7～8片叶着生第1花序，中熟。未成熟果显绿果肩，成熟果粉红色，果形周正、圆或稍扁圆形，果大、均匀，平均单果质量200克，大果可达500克。果肉较硬，果皮韧性好，耐运输。品质优、口感风味好。对根结线虫、枯萎病、T_OMV和叶霉病具有复合抗性。在根结线虫严重发生的地区、棚室表现更为突出。

九十六、仙客6号

北京市农林科学院蔬菜研究中心最新育成的粉果抗线虫专用番茄一代杂种。

植株为无限生长型，主茎第7～8片叶着生第1花序，中早熟。未成熟果浅绿色、无绿肩，成熟果粉红色，果形稍扁圆和圆形，平均单果质量200克，大果可达400～500克。果肉较硬，耐储运。对根结线虫、枯萎病、T_OMV和叶霉病具有复合抗性。在根结线虫严重发生的地区、棚室表现更为突出。

九十七、杭杂1号

杭州市农业科学研究院育成。

特征特性：无限生长型，植株开展度中等；第1花序发生于第7叶位，花序间隔3叶；果实光滑圆整，无果肩，略有棱沟；果形指数0.9左右，单果质量200克左右，单株可结果数 20 个左右；成熟果大红色，色泽鲜亮，着色一致，果肉、胎座及种子外围胶状物均为红色，商品果率高，果实口感好、品质佳；果肉厚约 0.8 厘米，不易裂果，较耐储运；抗叶霉病。

2006—2007 年进行多点品种比较试验，每亩前期产量 490.2 千克，总产量 6 050.5 千克；多年多点生产试验结果表明，杭杂 1 号每亩平均产量 6 100.7 千克。

适宜在浙江省作设施栽培。

九十八、莎彤

青岛市农业科学研究院选育的番茄一代杂种。

特征特性：无限生长类型，生长势较强，高抗叶霉病等病害，中果型，红果，单果重 200～220 克，果形指数 0.9，品质好，圆形或扁圆形，果实光滑美观；丰产性好，产量达 10 000 千克/亩以上；耐储藏，室温下（25℃）货架期在 15 天以上。适合保护地、露地栽培。

分布及利用价值：能够种植番茄的任何地区，特别适合出口蔬菜、长途运输蔬菜生产基地。

九十九、晚霞

青岛市农业科学研究院选育的番茄一代杂种。

特征特性：无限生长类型，中熟，坐果率高，耐储藏，果实扁圆，单果重 110～150 克。果色红艳，风味品质好，可溶性固形物含量高达 5%～6%。抗 T_OMV、枯萎病，抗晚疫病生理小种 T1 和 T1,2。高产，适合保护地栽培及露地栽培。

分布及利用价值：能够种植番茄的任何地区，特别适合出口蔬菜、长途运输蔬菜生产基地及晚疫病较重的地区。

一〇〇、浙粉 202

浙江省农业科学院园艺研究所育成的番茄一代杂种。该杂种一代极早熟，无限生长型。长势偏中，开展度小，节间短叶片较稀，叶量中等。高抗叶霉病，兼抗病毒病和枯萎病等多种番茄病害。耐低温，高光效。果实高圆苹果形，幼果无果肩，成熟果粉红色，着色一致，色泽鲜亮，单果重 300 克左右，品质佳，宜生食，商品性好，稳产高产。适应性广，果皮果肉厚，极耐运输。是一个多抗、优质、高产的设施栽培专用品种。

特适秋延后栽培，宜冬春季南方大棚和北方日光温室栽培，长江流域、黄淮、华北和东北地区及其他喜食粉红果地区均可种植，是长途运销的理想品种。

一〇一、浙杂 203

浙江省农业科学院园艺研究所育成的番茄一代杂种。该杂种一代中早熟，无限生长型。高抗叶霉病、病毒病和枯萎病，中抗青枯病。果实高圆形，幼果无青果肩，成熟果大红色，着色一致，鲜红色，单果重250克左右，大果可达 400 克以上，结果性好，大小均匀，商品性好，耐储运。适应性广，丰产稳产。结果性好，连续坐果能力强，用防落素、番茄灵等植物生长调节剂点花保果时，浓度要轻，要求比一般品种低 30%～40%左右。及时疏花蔬果，一般在每穗中选留 3～4 个大小均匀的果实，太大、太小、畸形果、病果一并疏掉。果实进入采收切忌大水漫灌。该品种具有早熟、抗病、优质、高产等特点。

可春、秋、冬季栽培，特适秋延后栽培，宜冬春季南方大棚和北方日光温室栽培，南方也可高山栽培。是长途运销的理想品种。

一〇二、浙杂204

浙江省农业科学院园艺研究所育成的番茄一代杂种。该杂交种中早熟，无限生长型。高抗青枯病、叶霉病、病毒病和枯萎病。果实高圆形，幼果无青果肩，成熟果大红色，着色一致，有光泽，单果重130～160克，商品性佳，耐运输。

一〇三、济农丽粉

山东省济南市农业科学研究所育成的杂交一代种，2007年1月通过山东省科技厅鉴定。

特征特性：济农丽粉为中熟品种，无限生长型。植株生长势强，坐果率高，果皮粉红色，无绿肩，果实大小均匀，果形指数0.83，表皮光滑，韧性强，果肉厚9.75毫米，不易裂果，耐储运。果味纯正，酸甜适中，单果质量250克左右，春大棚栽培每亩产量10 000千克左右，冬日光温室栽培每亩产量13 000千克左右，适于华北地区冬日光温室、春大棚、秋大棚栽培。

栽培要点：春大棚栽培，11月上旬播种；冬日光温室栽培，8月中下旬至9月上旬播种；四叶一心时定植，定植后密闭温室、大棚，提高棚室温度，白天温度不超过30℃，夜间18～20℃。随着气温的下降，通风量逐渐减少，白天保持25～28℃，夜间15℃，揭帘前不能低于10℃，这样的温度管理有利于花芽分化。采用单秆整枝，避免互相遮阴造成减产、质量下降。进入结果期后的温度管理模式为三段式变温管理，白天保持20～25℃，夜间最低不能低于13℃。进入结果期要及时供应肥水，保持土壤湿度80%～85%，浇水掌握浇果不浇花的原则。第1穗果开始膨大时，结合浇水追施催果肥，每亩施尿素15千克或硝铵20千克；第1穗果采收时，每亩施硝铵20千克；盛果期结合喷药进行叶面追肥，可用0.3%～0.5%尿素和0.5%～1%磷酸二氢钾混合液喷施2～3次，对于促进植株健壮，延迟衰老，提高果实品质和产量均有较好的作用。

一〇四、阿克斯1号

广东省农业科学院蔬菜研究所育成，2006年通过广东省农作物品种审定委员会审定。

特征特性：阿克斯1号为无限生长型，普通叶，叶色浓绿，叶片宽厚，植株第9～10节着生第1花序。中晚熟，春季栽培从播种至初收约108天，秋季栽培约99天。果实近圆形，果形指数0.96，外形美观，青果无绿色果肩，成熟果鲜红色，有光泽。平均单果质量125克，裂果和畸形果少，果肉厚0.75厘米，肉质硬实，耐储运。中抗青枯病和病毒病，在高温条件下能正常结果，抗逆性强，品质优，口感酸甜适中，适合出口、市销和北运。每亩产量3 000千克左右，适宜华南及类似气候地区露地栽培。

栽培要点：前期生长速度快，坐果能力强，广州地区春栽1—2月播种，秋栽7月中旬至9月播种，其他地区根据当地气候条件选择适宜播种时期。由于阿克斯1号只是中抗青枯病，8月15日前播种的，应在苗期和定植前期用氧氯化铜、硫酸链霉素灌根，以预防青枯病。分别在苗期2～

3片叶、定植前1天、浇定根水、开始发现青枯病时用氧氯化铜600～800倍液，或硫酸链霉素2 000倍液（每亩2.0～2.5千克）灌根。

注意疏花疏果：阿克斯1号坐果能力强，如果不进行疏花疏果，会引起大小果。为了提高商品率和单果质量，最好进行疏花疏果，保持每穗4～5个果，则单果质量可以保证150克左右，有些可以达到180～200克。

一〇五、国外抗番茄黄化曲叶病毒（TY）的番茄品种

1. 以色列海泽拉优质种子公司（Hazera Genetics LTD）。

适合保护地种植的抗TY的番茄品种有飞天、光辉、阿库拉、忠诚等。2007—2009年，以上品种已在山东、辽宁、内蒙古、山西、宁夏等省区的多个地区进行了示范。

飞天（中型果）：无限生长型，早熟品种。植株长势中等，节间较短，高温和低温条件下坐果性能好，不易空穗；果实扁球形，大小均匀、整齐，颜色鲜红，着色均匀，硬度好，货架期特长，平均单果质量150～220克；高温季节不裂果，无皲裂、老年斑点及青皮现象。抗TY，黄萎病（V），枯萎病1、2号（F1、F2）及烟草花叶病毒（TMV）。适合春季、越夏和秋冬茬栽培。2007—2008年该品种在辽宁西部、内蒙古赤峰地区及山东等地的冬春茬、越夏茬、秋冬茬均表现十分稳定和优秀。

光辉（大型果）：无限生长型中熟品种。植株长势强。单果质量200～300克，国内实际种植更大。果实球形，大红色，硬度好。抗TY，黄萎病（V），枯萎病1、2号（F1、F2），烟草花叶病毒（TMV），番茄斑萎病毒

(TSWV) 以及根结线虫 (Mj)。适合秋冬茬栽培。

适合南方露地栽培的抗 TY 的番茄品种有琳达、维拉、奥斯卡、斯科特等。2007—2009 年，以上品种已在云南元谋、广西田阳等地进行了试验示范。

琳达：无限生长型，中熟品种。植株长势旺盛。单果质量 160～220 克。果实扁球形，色泽鲜红亮丽，无绿果肩，硬度好，耐储运。抗 TY，黄萎病，枯萎病 1、2 号，烟草花叶病毒及根结线虫。适合秋、冬、春茬栽培。该品种在云南、广西等地的秋冬茬表现优秀。

2. 荷兰瑞克斯旺抗 TY 的番茄品种

格利 (73-516) RZ F_1 (果实大红色，微扁圆形，中型果，单果质量 180～220 克)、**74-587 RZ F_1** (果实大红色，微扁圆形，中型果，单果质量 200～220 克)、**74-205 (Lynna) RZ F_1** (中果型串收番茄，果实红色，单果质量 70～80 克)。

栽培要点：早秋、秋冬栽培，7 月下旬至 8 月上旬播种育苗。早春栽培 11 月下旬至翌年 1 月上旬育苗。育苗最好采用营养钵或营养块育苗。育苗用土要充分消毒，出苗后及时喷洒普力克 (霜霉威) 以防猝倒病的发生。瑞克斯旺番茄喜肥力水平中等偏上的土壤，一般要求每亩施用沤制好的鸡粪 8～10 立方米、复合肥 100 千克、磷酸二铵 20 千克。果实膨大期要结合灌水适当追肥。每平方米定植 3～3.5 株，株距 40～45 厘米，行距 70～75 厘米，每亩栽 2 000～2 200 株。单秆整枝，连续生长。棚内达到一定高度后可进行落蔓，继续生长。一般采用坐果灵或防落素点花，要求浓度冬季 25～30 毫克/升，夏季 20～25 毫克/升，浓度过高会影响果实生长。因串番茄的含糖量高于普通番茄，其果实要及时采收，以保证良好的商品性。

3. 荷兰先正达抗 TY 的番茄品种

莎丽： 无限生长型红果番茄，适应性强，坐果性好，单果质量 160～180 克，硬度大，高抗 TY，耐热，抗病性强，产量高。

奇达利： 无限生长型，植株节间短，果实大红色，扁圆形，萼片美观，抗 TY，适合保护地越冬及露地秋延后栽培。

迪利奥： 无限生长型，坐果能力强，果实大红色，果形美观，耐热性好，耐裂能力强，抗叶霉病、TY，适合保护地秋延后栽培。

4. 荷兰德澳特抗 TY 的番茄品种

宝塔利亚（红果品种）： 植株长势中等，无限生长型，果实大红色，圆形，单果质量 180～220 克，抗根结线虫、枯黄萎病、烟草花叶病毒、TY。适合早春、秋延后栽培。建议每亩栽培 2 000 株。

DRK599（粉果品种）： 植株长势旺盛，无限生长型，果实粉红色，圆形，单果质量 220～260 克（根据栽培密度，果实大小有所变化），抗枯黄萎病、烟草花叶病毒、TY。适合早春、越冬栽培。建议每亩栽培 2 500 株左右。

一〇六、国外抗根结线虫的番茄品种

1. 以色列海泽拉优质种子公司

(1) 既抗线虫又抗 TYLCV 病毒的多抗品种。

飞腾： 无限生长型，中熟。植株生长旺盛，无绿肩，节间中等，果实球形，颜色亮红，单果质量 160～220 克，果皮厚，果实硬度好。对黄萎病、枯萎病生理小种 1 和 2、烟草花叶病毒、根结线虫病、番茄斑萎病毒和 TYLCV 有抗性。适合秋、冬、春茬种植。

凯蒂：无限生长型、成串采收的樱桃番茄，中熟品种。植株长势旺盛，茎秆粗壮，叶片大小适中，连续坐果能力强，果穗排列整齐均匀。果实圆球形，红色，单果质量 20 克左右。萼片和串形美观，果实抗裂，口感好，硬度好，耐储运，商品率高。抗黄萎病，枯萎病生理小种 1、2 和 3，烟草花叶病毒，根结线虫病和 TYLCV。适合秋、冬、春茬栽培。

（2）高抗线虫的品种。

博尔特：无限生长型，中早熟。节间紧凑，无绿肩，大果，球形，颜色亮红，果形周正，大小整齐一致，单果质量 180～240 克。果皮厚，果实硬度好。抗黄萎病、枯萎病生理小种 1 和 2、烟草花叶病毒、根结线虫病和番茄斑萎病毒；耐叶霉病。适合秋延迟、春季和越冬一大茬种植。

1420：无限生长型，中熟。植株长势旺盛，节间紧凑，连续开花坐果能力强，每个节间 3 片叶，坐果节位较有规律。果实扁球形，色泽鲜红而光亮，硬度好，耐储运，单果质量 150～200 克。萼片中等大小，每穗果大小均匀。抗黄萎病、枯萎病生理小种 1 和 2、烟草花叶病毒、根结线虫病和镰刀菌根腐病。适合北方保护地早秋和春季种植。它是北方秋季的主栽品种，南方露地也有推广。

593：无限生长型，晚熟。植株长势旺盛，节间中等，连续坐果能力强。果实扁球形，大红色，硬度好，耐储运，单果质量 180～220 克。萼片中等大小。抗黄萎病、枯萎病生理小种 1 和 2、烟草花叶病毒、根结线虫。适合越冬和早春茬种植。

2. 荷兰安莎种子公司

TM-843 F_1：长货架耐储运鲜食型番茄一代杂种。无限生长型，早熟，长势旺盛。果实扁圆形，熟果深红色，硬实，耐储运，货架期长。平均单果质量180～200克。耐热性强，高温下容易坐果。抗逆性强。抗根结线虫病（Ma，Mi，Mj）、番茄花叶病毒病、黄萎病（Va，Vd）、枯萎病生理小种0和1、冠根腐病及白粉病，耐叶霉病。适合日光温室和大棚早春、越夏和秋延后栽培。

萨拉芬：长货架期耐储运鲜食型番茄一代杂种。无限生长型，果实扁圆形，均匀整齐。颜色好，熟果鲜红色，硬度高，耐储运，抗裂果，货架期长。耐热性好，平均单果质量170～190克。抗番茄花叶病毒病、叶霉病生理小种1～5、黄萎病（Va，Vd）、枯萎病生理小种0和1、冠根腐病、根结线虫病（Ma，Mi，Mj）及白粉病。适合保护地、露地栽培。

3. 荷兰德澳特种业集团公司

科瑞斯728：高抗TYLCV的大红番茄新品种，该品种为无限生长型，植株长势健壮，叶片深绿肥厚，果实圆形，中大型果，硬度高，花量多，易坐果，产量高，萼片平展美观。在正常栽培条件下平均单果质量200～220克。抗根结线虫（Ma，Mi，Mj）、番茄黄化曲叶病毒病（TYLCV）、番茄花叶病毒（T_OMV）、番茄斑萎病毒病（TSWV）、枯萎病生理小种0和1、黄萎病（Va，Vd）等，是保护地早春、秋延后栽培的理想品种。

艾美瑞：无限生长型，植株长势健壮。叶片短而厚，节间短，株型紧凑。平均单果质量180～220克，果实大小均匀，萼片伸展，果形美观。质地硬而耐运输。尤其在高温、高湿条件下表现抗病性特强，坐果容易且整齐。高抗根结线虫（Ma，Mi，Mj）、番茄花叶病毒、番茄斑萎病毒病、枯萎病生理小种 0 和 1、黄萎病（Va，Vd）等多种病害，适合保护地早春、越夏、秋延后及南方露地栽培。

普罗旺斯：无限生长型，植株长势旺盛，不易黄叶，不早衰；产量高，早春、秋延后栽培留 8 穗果，越冬一大茬可留 16 穗果；抗病性强，高抗根结线虫、叶霉病、番茄斑萎病毒病、烟草花叶病毒病、枯萎病、黄萎病等多种病害；极耐低温，严冬季节不空穗、不封头，畸形果少；大果型，单果质量 220～300 克；果实美观，萼片平展，口感佳，口味沙甜，特别适宜生吃；适合保护地早春、秋延后及越冬一大茬栽培。

普罗旺斯 604：对根结线虫、TYLCV 具有双重抗性的粉果番茄新品种。该品种具有大红番茄长势，无限生长型，植株长势健壮，株型好，花多且易坐果，叶片深绿肥厚；连续坐果能力强，不空穗，果实大，单果质量 220～300 克，硬度高，丰产、稳产性好；高抗目前发生普遍，危害严重的番茄黄化曲叶病毒病、根结线虫（Ma，Mi，Mj）、叶霉病、枯萎病、黄萎病等多种病害。适合保护地早春、秋延后及越冬栽培。

§4—2　鲜食早熟自封顶型番茄新品种

一、北研 6 号

辽宁省抚顺市北方农业科学研究所育成的杂交种。

该杂交种植株为有限生长型，生长势强，早中熟，果色粉红，幼果无绿果肩，果形近圆，肩平脐小，果实硬度好，成熟果硬度0.78～0.84千克/平方厘米，畸形果裂果少，可溶性固形物含量4%，品质上等。高抗T_OMV，中抗CMV，抗番茄叶霉病，田间表现抗TY病毒病。亩产7 000～8 000千克。适宜各种保护地和露地栽培。

栽培要点：（1）培养壮苗，各种栽培方式播期同当地，夏秋苗令25天左右，冬春苗龄期50天，不要控苗，带蕾定植。（2）亩保苗3 000株左右。（3）喜肥水大，施底肥5 000千克，最佳栽培管理，注重追施“催苗肥”“攻秧肥”“保果保秧肥”。（4）及时疏花疏果，双秆或单秆整枝，每序保果2～3个，腋芽1寸长时摘除。

二、北研7号

辽宁省抚顺市北方农业科学研究所育成的杂交种。

该品种植株为有限生长型，生长势强，早中熟，果实红色，平均果重350克，栽培适宜最大果重800克以上，果实圆形，肉质厚，果面光滑，果脐小，质沙味甜，果实硬度高，商品性好。高抗T_OMV、叶霉病，丰产性强，平均亩产7 000千克，适宜各种保护地及露地栽培。

三、金棚M158

陕西省皇冠蔬菜研究所、西安金棚种苗有限公司育成。

特征特性：属有限生长类型。长势较强，叶片较稀，主茎第7叶着生第1花穗，2～4层封顶。商品性与金棚一号相似，果实高圆形，幼果无绿肩，光泽度好，成熟果粉红色，一般单果重200～250克。果实硬度优于金棚一号，高抗南方、爪哇和花生根结线虫，高抗番茄花叶病毒，高抗叶霉病，中抗黄瓜花叶病毒，抗枯萎病。早熟，熟性较金棚一号略早，果实膨大快，结果集中，前期产量高。适宜根结线虫严重地区日光温室、大棚、中棚及小棚秋延后、春提早栽培。

栽培注意事项：（1）抗根结线虫基因在土温高于28℃时抗虫能力下降，请在高温季节根据当地情况酌情用药。建议用无根结线虫土或基质育苗。（2）特别要注意疏花疏果，每株留10～12个果。（3）苗龄不宜过长，春提早50天左右，秋延后25天左右。（4）底肥施足，追肥赶紧。（5）由于近年我国北方大部分地区叶霉病菌发生变异，致病能力更强，因此在栽培时应密切注意叶霉病的发生，必要时及时用药保护。

四、苏红2003

江苏省农业科学院蔬菜所育成的大果型一代杂种。属有限生长类型，植株生长势强，主茎第7～8节着生第1花序，3～4序花封顶。果实高圆球形，幼果期无绿果肩，成熟果大红色，果面光滑，圆整，硬度高，不裂果，耐储运，单果重250克左右，可溶性固形物含量5.0%，品质优，商品性强，抗逆性表现突出，每亩产量5 000千克左右。适于露地和大棚等保护地栽培。

五、江蔬14号

江苏省农业科学院蔬菜所最新育成的早熟、抗病、丰产的大果型一代杂种。植株自封顶，株高80～90厘米，叶色深绿，生长势旺盛，主茎3～4穗花序封顶，果实近高圆形，成熟果大红色，果面光滑，圆整，硬度高，不易裂果，耐储运，单果重 220 克左右，可溶性固形物含量 4.9%左右，品质优，商品性强。植株上下部果实均匀，低温下坐果能力强，抗烟草花叶病毒和叶霉病，适于保护地及早春露地栽培，每亩产量 5 000 千克左右。

栽培要点：（1）适时定植。长江中下游地区，春季大棚早熟栽培及露地栽培一般在 11 月下旬至 12 月播种，苗龄 80～100 天，大棚定植在 3 月上旬左右，露地于断霜后定植。（2）合理密植，春季大棚早熟栽培或露地栽培，株距 35～40 厘米，行距 70～80 厘米，每亩栽 3 500 株左右。（3）施足基肥，及时追肥，促进植株早发棵。（4）采用双秆整枝或一秆半整枝。（5）用 2，4-D 沾花防落花落果。（6）及时防治病虫害。

六、宝珠一号

广东省深圳市农作物良种引进中心育成的一代杂种。2006 年 2 月通过全国蔬菜品种鉴定委员鉴定（国品鉴菜 2006017）。

特征特性：植株有限生长型，幼果无绿果肩，成熟果实红色。中早熟，果实较小，平均单果重 90.1 克，可溶性固形物含量 4.4%，畸裂果率 10.2%。田间表现抗病毒病，病情指数为 9.3，抗叶霉病，病情指数为 13.2。

2003—2004 年参加第六轮全国番茄品种区域试验，前期产量平均亩产 2 397.3 千克，总产量 4 418.1 千克。

栽培要点：华南地区可作春秋两季栽培，春季 12 月至翌年 1 月播种，2 月定植。秋季于 8 月上中旬播种，9 月初定植，施足基肥，缺硼田块每亩撒施 2 千克硼砂和 50 千克石灰，以提高枯萎病抗性和防止裂果。一般行距 70～80 厘米，株距40厘米定植，双秆整枝，前期控制氮肥，开花后用硝酸钾重施一次追肥，及时防治病虫害。

适宜在陕西、江西、重庆、广东、海南及相关地区种植。

七、青研番茄一号

青岛市农业科学研究院选育的番茄一代杂种。

特征特性：该品种属有限生长型，生长势强，叶浓绿色，果实圆整，大红色，果色鲜艳，有青肩。单果重约160克，每亩产量可达5 000～8 000千克。可溶性固形物含量4.5%以上。从播种到采收近120天，中熟，抗病性强，特抗病毒病。适合露地及保护地栽培。

分布及利用价值：适宜喜欢种植带有青肩番茄的地区。

栽培要点：大棚春早熟栽培12月至翌年1月育苗；早春露地栽培2月中下旬阳畦播种育苗，4月中下旬定植。每亩定植4 000株。定植前施足底肥，第一穗果膨大时大量浇水追肥，5～7天后，再进行追肥。此后，经常保持土壤湿润，直到最上部果实充分膨大。宜采用一主一侧整枝法。主枝留两穗果，侧枝留一穗果打顶，每穗果留4朵花。打顶时，在花絮上留2片叶子。

八、粉莎二号

青岛市农业科学研究院选育的番茄一代杂种。

特征特性：该品种属有限生长型，极早熟，生长势中等，果色粉红，果圆形，大小均匀，风味品质好，每穗平均留果3～5个。平均单果重150～180克。丰产性好，较耐储运。适合春秋保护地栽培。

分布及利用价值：喜食粉果番茄地区。

§4—3 微型（樱桃）番茄新品种

一、天正红珠

山东省农业科学院蔬菜研究所育成的樱桃番茄一代杂种。2008年2月通过全国蔬菜品种鉴定委员会鉴定（国品鉴菜2008011）。

该杂种一代，中早熟，植株无限生长型，生长势强。茎秆粗壮，叶片较小，叶色浓绿。第1花序着生于第7～8节，以后每隔3片叶着1花序，花序大，复穗状。每穗平均坐果30个以上，果实圆形，成熟后红色，果皮薄，汁多，平均单果重12克左右。可溶性固形物含量8%～9%。抗病毒病。

2005—2006年参加第七轮全国鲜食番茄品种区域试验，前期产量平均亩产782千克，总产量平均亩产4 289千克；2007年生产试验，前期产量平均亩产993千克，总产量平均亩产3 111千克。

栽培要点：适宜越冬茬、秋延迟、春早熟栽培。采用工厂化或营养土育苗，苗龄25～30天。采用大小行、小高畦方式定植，亩定植密度3 000株左右。越冬茬注意增加光照，利于果实颜色亮红鲜艳；秋延迟、春早熟注意浇水均匀，防止裂果。采用单秆整枝，低温季节使用30毫克/千克的防落素喷花，适当疏花疏果，每花序可留25～30个左右，及时摘除老叶、病黄叶及弱的侧枝，增加株间通风透光，利于着色。果实完全成熟后及时采收，防止裂果，不需催熟，可成串采收。

适宜在山东、河北、黑龙江、福建、重庆、陕西省（市）等相关适宜地区作保护地种植。

二、沪樱5号

上海市农业科学院园艺研究所育成的樱桃番茄一代杂种。2008年2月通过全国蔬菜品种鉴定委员会鉴定（国品鉴菜2008012）。

该杂种一代，中晚熟，无限生长型。不规则花序，每个花穗结果20个左右，坐果性能好。果多圆形，成熟果为红色，果实硬度中等，单果重12～15克，可溶性固形物含量6%～8%，口感酸甜适中至甜，果实商品率74%。抗病毒病T_OMV，耐CMV，抗叶霉病1·2·3生理小种。

2005—2006年参加第七轮全国鲜食番茄品种区域试验，前期产量平均亩产776千克，总产量平均亩产3 374千克；2007年生产试验，前期产量平均亩产1 047千克，总产量平均亩产3 120千克。

适宜在山东、河北、陕西、上海及相关地区作保护地栽培。

三、抚顺大枣

辽宁省抚顺市北方农业科学研究所育成的樱桃番茄一代杂种。2008年2月通过全国蔬菜品种鉴定委员会鉴定（国品鉴菜2008013）。

该杂种一代，有限生长型，生长势强。果实长圆形，成熟果红色，平均单果重12克。可溶性固形物含量6.4%。坐果率高，硬度高，耐储运，果实商品率88%。抗病毒病、青枯病、叶霉病。

2005—2006 年参加第七轮全国鲜食番茄品种区域试验，前期产量平均亩产 691 千克，总产量平均亩产 3 139 千克；2007 年生产试验，前期产量平均亩产 651 千克，总产量平均亩产 2 608 千克。

栽培要点：春保护地和露地苗龄期 45～55 天，培育壮苗带大蕾或初花定植。高架栽培，露地每亩 3 000 株，保护地每亩 3 300 株。亩施有机肥 3 000 千克以上、二铵 15 千克做底肥，注重追肥，定植缓苗后，施一次“催苗肥”，第一穗果成熟时，追施促果保秧肥。及时整枝、绑架，及时采收。

适宜在山东、河北、黑龙江、陕西、江西省及相关适宜地区作保护地栽培。

四、红阳

北京市农业技术推广站育成的樱桃番茄一代杂种。2008 年 2 月通过全国蔬菜品种鉴定委员会鉴定（国品鉴菜 2008014）。

该杂种一代，中早熟，无限生长型，生长势强。植株结果性好，单株可结果 6～15 穗，每穗结果 22 个。果实圆形，红色，单果重 11.5 克。可溶性固形物含量 6.3%，果实商品率 86%。抗叶霉病。

2005—2006 年参加第七轮全国鲜食番茄品种区域试验，前期产量平均亩产 958 千克，总产量平均亩产 3 111 千克；2007 年生产试验，前期产量平均亩产 997 千克，总产量平均亩产 2 831 千克。

适宜在上海、山东、河北、辽宁、陕西、江西省（市）

及相关适宜地区作保护地栽培。成熟后可成串采摘。

五、新星

北京市农业技术推广站育成的樱桃番一代杂种。2008年2月通过全国蔬菜品种鉴定委员会鉴定（国品鉴菜2008015）。

该杂种一代，早熟，有限生长型。每个花穗结果18个左右。果实粉红色，枣圆形，单果重15.5克。可溶性固形物含量6.2%。不易裂果，果实商品率85%，植株结果性好，可成串采收。抗T_OMV。

2005—2006年参加第七轮全国鲜食番茄品种区域试验，前期产量平均亩产951千克，总产量平均亩产2 951千克；2007年生产试验，前期产量平均亩产1 059千克，总产量平均亩产3 010千克。

适宜在上海、山东、河北、辽宁、黑龙江、江西省（市）及相关适宜地区作保护地栽培。成熟后可单果采摘，也可成串采摘。

六、美樱2号

中国农业科学院蔬菜花卉研究所新近育成的樱桃番茄新品种。该品种植株属有限生长型，生长势强，主茎第6～7片叶着生第1花序，以后每隔1～2片叶着生1花序。每序开花20～30朵，坐果率90%以上。果实卵圆形，成熟果实红色，单果重12～15克，大小均匀，不裂果，耐储运，口感脆甜，商品性好。高抗T_OMV，抗叶霉病。保护地栽培平均亩产3 000～4 000千克。

栽培要点：（1）适于冬春日光温室、大棚和露地栽培。

(2) 选好茬口。不与同科属作物接茬。(3) 根据当地气候和栽培方式选择播种期。北方冬春保护地栽培苗龄不宜太长，以45～50天为宜。苗期夜温要保持在11℃以上。(4) 亩栽3 000～3 500株，采用双秆整枝或多秆整枝。(5) 开花期及时喷洒防落素或番茄灵，以保花保果。外界气温低时，浓度可适当高些；温度高时，浓度应适当低一些。成熟后要及时采收。

七、黄梨

中国农业科学院蔬菜花卉研究所新近育成的樱桃番茄一代杂种。该杂交种植株无限生长型，生长势中等。果实梨形，果面光滑，整齐均匀，不裂果，商品果率高，未成熟果有绿果肩，成熟果实黄色。单果重10～15克，耐运输，品质好，可溶性固形物含量5.5%～6.6%，亩产2 000～2 500千克，适于保护地及露地栽培。

栽培要点：参照美樱2号。

八、红梨

中国农业科学院蔬菜花卉研究所新近育成的樱桃番茄一代杂种。该杂交种植株无限生长型，生长势较强。果实梨形，果面光滑，整齐均匀，不裂果，商品果率高，红色，未成熟果有绿色果肩。单果重10～15克，耐运输，品质佳，风味好，可溶性固形物含量5.6%～6.8%，亩产2 500～3 000千克，适于保护地及露地栽培。

栽培要点：参照美樱2号。

九、黄珍珠

中国农业科学院蔬菜花卉研究所育成的樱桃番茄。该品种植株无限生长型，生长势中等，每间隔3片叶着生1花序，单列或双列总状花序，每序着花8～16朵。坐果率高达90%以上，果实圆球形，单果重8～12克，幼果有浅绿色果肩，成熟果鲜黄色，色泽鲜艳，果实圆整，果形美观，抗裂、耐储运，可溶性固形物含量6%以上，味浓质脆，亩产3 000千克左右，适宜春季露地及冬、春季保护地设施栽培。

栽培要点：参照美樱2号。

十、小皇后

中国农业科学院蔬菜花卉研究所育成的樱桃番茄，该品种植株有限生长型，生长势中等。主茎第5～6片叶开始着生花序，以后每间隔1～2片叶出现1花序，多以单列总状花序为主，果穗上着生的果实排列整齐。果实椭圆形，幼果有浅绿色果肩，成熟果鲜黄色，着色均匀，果面光滑，果形美观，抗裂、耐储运，单果重10～15克，大小一致，可溶性固形物含量达7.0%左右，极早熟种，适宜春季露地及冬、春季保护地设施栽培。

栽培要点：参照美樱2号。

十一、沪樱932

上海市农业科学院园艺研究所育成的一代杂种，2006年通过全国蔬菜新品种鉴定，优质香甜红色樱桃番茄品种。本品种无限生长，叶片较疏，结果早，单花序，结果多，果实呈圆球形，果色红亮，单果重10～15克左右。果肉多、脆嫩，糖度（可溶性固形物含量）平均可达9度以上，最高可达11度，风味香甜；耐储运，常温条件下，货架保存期可达到15～20天。种子少，抗病毒病、叶霉病和晚疫病，一般亩产量1 800～2 200千克。

十二、沪樱2号

上海市农业科学院园艺研究所育成的樱桃番茄品种，该品种无限生长型，单果重在10克左右，果实大红，长圆形。果实整齐度高，不易裂果，耐储运。可溶性固形物在8%～10%之间，果实成熟转色时无涩味。品质好，连续坐果能力强，商品率高，产量高。春季栽培亩产达到4 000千克以上。

栽培要点：（1）适合保护地春提早、秋延后以及冬春长周期栽培。（2）栽培密度2 500株/亩，单秆整枝，及时打杈、绑秧，摘除老叶。（3）应采用振荡器辅助授粉，或采用点花处理。（4）坐果后，适当疏花疏果，每个果穗留20～25个果。（5）坐果后保持植株的水分供应，防止过湿或过旱。（6）采收时果实成熟度不宜过熟，成熟度过熟时，要连萼片一起采收。

十三、沪樱1号

上海市农业科学院园艺研究所育成的樱桃番茄品种，无限生长型，单果重在10克左右，果实大红，果形圆整，圆球形。整齐度高，不易裂果。可溶性固形物在8%～10%之间，果实成熟转色时无涩味。品质好，连续坐果能力强，商品率高。春季栽培亩产达到4 000千克以上。

十四、京丹3号

北京市农林科学院蔬菜中心育成的樱桃番茄品种。该品种无限生长，中熟，节间稍长，有利于通风透光，果实长椭圆形，成熟果亮红美观，口味甜酸浓郁，品质佳。

十五、京丹5号

北京市农林科学院蔬菜中心育成的樱桃番茄品种。该品种无限生长，中熟偏早，坐果习性良好，成熟果亮丽红润，长椭圆形，糖度高，风味浓，抗裂果。

十六、京丹6号

北京市农林科学院蔬菜中心育成的樱桃番茄品种。该品种为硬肉大樱桃番茄树专用新品种，无限生长，中熟，果肉硬，抗裂果，可成串采收，水培番茄树栽培条件下，平均折光糖度10以上，最高可达13，口感极佳，高抗病毒病和叶霉病，适宜保护地长季节和旅游观光树栽培。

十七、京丹绿宝石

北京市农林科学院蔬菜中心育成的樱桃番茄品种。该品种无限生长，中熟，圆形果，成熟果绿色透亮似宝石，单果重20克左右，果味酸甜浓郁，口感好，是保护地特菜生产中的珍稀品种。

十八、京丹黄玉

北京市农林科学院蔬菜中心育成的樱桃番茄品种。该品种无限生长，中熟，果实长卵形，成熟果颜色嫩黄诱人，似美玉，单果重35克左右，风味佳。

十九、京丹彩玉1号

北京市农林科学院蔬菜中心育成的樱桃番茄品种。该品种无限生长，中熟，果实长卵形，成熟果红色底面上镶嵌有金黄条纹，单果重30克左右，口感好。

二十、京丹彩玉2号

北京市农林科学院蔬菜中心育成的樱桃番茄品种。该品种无限生长，中早熟，成熟果粉红色底面上镶嵌有金黄条纹，果皮厚，韧性好，耐裂果。

二十一、京丹粉玉2号

北京市农林科学院蔬菜中心育成的樱桃番茄品种。该品种为最新育成的特色樱桃番茄新品种。植株为有限生长型，主茎第6～7片叶着生第1花序，熟性早。果实长椭圆形或椭圆形，单果重15克左右，幼果有绿色果肩，成熟果粉红色，品质上乘，口感风味佳，耐储运性好，是保护地特菜生产中的珍品。

二十二、樱莎红二号

青岛市农业科学研究院选育的樱桃番茄一代杂种。

特征特性：有限生长型，生长势强，总状花序，隔一叶坐一穗果，坐果率高，经济性状好。果实卵圆形，单果重10～15克，平均每穗果实8～12粒左右，果实大红色，风味品质好，可溶性固形物含量可达7%。特耐储藏，室温25℃下可储藏20天以上。畸形果很少，基本无裂果。抗枯萎病、病毒病、叶霉病。高产，单季产量可达 3 300 千克/亩。从播种至开始收获 102 天左右。耐低温、耐弱光，适应性强，适合保护地和露地栽培。

栽培要点：春保护地栽培 12 月至翌年 2 月播种，春露地栽培 2—4 月播种，秋延迟栽培 7—9 月播种。一般行距 60～65 厘米，株距 35～40 厘米。植株为有限生长型，但适温下侧枝生长能力极强，一般留 2 个侧枝，每个侧枝封顶后再留 1 个侧枝。下部果实采收后疏掉底部老叶、病叶。开花时间用番茄灵处理浓度以 20～25 毫克/升为宜，当每花序上有 2～3 朵花开放时，用小型喷雾器直接向花序上喷，隔 3 天喷 1 次，每穗花喷 2 次。及时打掉多余的侧枝，生长中后期尽可能摘心、摘花，减少养分消耗，以利增产。

二十三、樱莎粉二号

青岛市农业科学研究院选育的樱桃番茄一代杂种。

特征特性：该品种属半有限生长型，早熟，耐储藏，抗裂，长圆或桃形果，品质好，可溶性固形物含量可达 9.4%，单果重平均为 13.4 克。

栽培要点：春保护地栽培 12 月至翌年 2 月播种，行距 60 厘米，株距 35～40 厘米。冬暖棚周年栽培 7 月底至 8 月底播种，大行距 90 厘米，小行距 50～60 厘米，株距 35～40 厘米。重施基肥，双秆整枝，不疏果。

二十四、樱红一号

青岛市农业科学研究院选育的樱桃番茄一代杂种。

特征特性：无限生长型，生长势强，叶色浅绿，复总状花序，坐果率高。果实圆球形，单果重 12～15 克。平均每穗果实 25～60 粒左右，果实大红色。风味品质极好，可溶性固形物含量 7％～9％。维生素 C 含量为普通番茄的 2 倍左右。高抗番茄枯萎病和病毒病。高产，5 穗果产量可达 7 000 千克/亩。从播种至开始收获 107 天左右。白天生长适温 24～29℃，耐热性强，耐低温、耐弱光。适应性极强，适合保护地和露地栽培。

栽培要点：青岛地区春保护地栽培 12 月至翌年 2 月播种，3 000～3 330 株/亩，行距 60 厘米，株距 35～40 厘米。冬暖棚周年栽培 7 月底至 8 月底播种，2 000 株/亩，大行距 120 厘米，小行距 50～60 厘米，株距 35～40 厘米。重施基肥，腐熟鸡粪 50 000 千克/公顷（1 公顷＝10 000 平方米），复合肥 1 500 千克/公顷。在采收的盛期不断追肥，叶面喷 0.3％磷酸二氨。下部果实采收后疏掉底部老叶、病叶。开花时间用番茄灵处理。处理浓度以 10～20 毫克/升为宜，当每花序上有 2～3 朵花开放时，用小型喷雾器直接向花序上喷 1～2 次。及时打掉多余的侧枝，生长中后期尽可能摘心、摘花，减少养分消耗，以利增产。

二十五、樱红 1 号

河南农业科学院园艺研究所育成的早熟樱桃番茄新品种，2007 年通过河南省科技厅成果鉴定。

特征特性：樱红 1 号为早熟樱桃番茄新品种，无限生长型，植株生长势中等，叶色浓绿。果实圆球形，亮红色，无绿肩，每穗坐果 30～50 个，单果质量 15～20 克。番茄红素含量为 46.8 毫克/千克，可溶性糖含量 49.9 克/千克，总酸 0.58％，每千克含维生素 C 475 毫克，口感佳，风味浓，果实硬，耐储运。高抗 TMV、抗根结线虫；田间表现高抗枯萎病，耐青枯病。每亩产量 3 000～3 500 千克，适合全国大部分地区露地和保护地栽培。

栽培要点：河南地区露地栽培于 2 月中下旬播种育苗，4 月下旬定植。保护地栽培早春茬 12 月中旬温室育苗，翌年 2 月中旬定植；秋延后栽培 6 月中下旬育苗，7 月中下旬定植；穴盘播种育苗，每亩用种量 15 克左右。春季育苗天数 60～70 天，秋季 30～35 天。定植前施足基肥，每亩施腐熟有机肥 3 000～4 000 千克，采取高垄双行定植。株距 30～45 厘米，行距 50 厘米，每亩定植 3 000～4 500 株。坐果后应加强肥水管理。低温条件下当每穗花序有 2～3 朵花开放时，可用防落素、番茄灵等激素喷花保果。开花后 35～40 天可分批采收商品果，鲜果常温下可保存 10～15 天，采收后及时摘除老叶和病叶，以利通风透光。

二十六、浙杂 210

浙江省农业科学院蔬菜研究所育成。

特征特性：无限生长型，生长势旺，中早熟；始花节位着生第 6～7 叶，花序间隔 3 叶，坐果性好；果实枣形，果实表面光滑，大小均匀，单果质量 4 克左右，一般每花序结果 10 个左右，排列整齐，成串采收；幼果白绿色，果有淡绿色，成熟果大红色，着色均匀一致，色泽鲜艳。果实可溶性固形物含量 7%左右，肉质脆爽，口感酸甜，适合鲜食。果肉厚 6.6 毫米，果实硬度 1.44 千克/平方厘米。田间表现抗枯萎病、病毒病，中抗叶霉病。

2006—2007 年在海宁、嘉善、金华等地进行多点生产试验，每亩早期产量 1 560 千克，每亩总产量 4 950 千克。

适宜在浙江省作设施栽培。

二十七、樱红2号

河南省农业科学院园艺研究所用中国台湾朱密×日本可可的杂交后代分离中选出的稳定早熟樱桃番茄新品种，2009年通过河南省科技厅成果鉴定。

特征特性：无限生长型，植株生长势强，早熟，叶色浓绿，果实扁圆球形，大红色，无绿肩，每穗坐果20～40个，单果质量25克。番茄红素含量为51.8毫克/千克，可溶性糖含量45.1克/千克，总酸5.6克/千克，口感佳，风味浓，果实硬，耐储运。高抗TMV，抗根结线虫；田间表现高抗枯萎病，耐青枯病，对根结线虫的抗性强于对照台湾圣女。每亩产量3 000～3 500千克，适合全国大部分地区露地和保护地栽培。

二十八、圣亚番茄

圣亚番茄是福建省农业科学院作物研究所选育，2008年通过福建省农作物品种审定委员会审定的有限生长型早熟樱桃番茄品种。始花节位为第6～7节，定植至初收50～60天。植株生长势强，茎绿色，株高90～125厘米；叶片薯叶型，绿色；成熟果红色，果实长椭圆形，果顶略尖，果面光滑，有光泽。耐储运，不易裂果，单果质量12～15克，品质佳，肉质甜脆。每千克含维生素C 309.4毫克，总糖4.60%。田间病害调查，未发现青枯病。经福州、南平等地多年多点试种，一般每亩产量3 500千克左右。福州市春季栽培11—12月播种，秋季栽培7月至8月上旬播种，其他地区可参照当地气候条件及栽培习惯，选择适宜的播种期。

二十九、富丹番茄

富丹番茄是福建省农业科学院作物研究所选育，2008年通过福建省农作物品种审定委员会审定的无限生长型早熟樱桃番茄品种。始花节位为第7～8节，定植至初收50～60天。植株生长势强，茎绿色，株高180～200厘米；叶片薯叶型，绿色；成熟果红色，果实长椭圆形，果面光滑，有光泽。耐储运，不易裂果，单果质量12～16克，品质佳，肉质甜脆。每千克含维生素C 319.6毫克，总糖4.83%。田间病害调查未发现青枯病，其他病害发生情况与圣女相当。经福州、南平等地多年多点试种，一般每亩产量4 000千克。

三十、黑珍珠

黑珍珠番茄是北京市农业技术推广站从德国引进的番茄新品种，果实为红黑色，药食兼用，其番茄红素、维生素C及抗氧化剂的含量明显高于普通番茄。目前在欧美国家兴起黑番茄的食用热潮，尽管其价格是普通番茄的数倍至数十倍，产品仍然供不应求。

黑珍珠在北京地区春保护地种植，一般单株产量3～5千克，每亩产量4 000～5 000千克。目前产品主要采取礼品包装的形式直接销售给中高收入人群，或供游人观光采摘或供给宾馆、饭店，经济效益较高。但建议菜农在有销路的情况下再大面积种植，不要盲目发展。

特征特性：黑珍珠番茄是无限生长型，中熟，从定植到初次采收60～65天，植株生长健壮，连续结果性较强，每穗结果10个左右，果实为圆球形，红黑色，单果质量20

克左右，果实外形、大小和颜色与巨峰葡萄相似，口感酸甜适度、具有浓郁的番茄味，特别适合鲜食。适应性广，耐热性较好，抗寒性中等，抗叶霉病、晚疫病。适合在全国各地的保护地和露地种植。

栽培季节：全国各地气候条件、设施类型以及栽培方式差异较大。以华北地区为例，春季温室栽培，12 月中旬至翌年 1 月中旬温室育苗，2 月定植，5 月下旬至 7 月下旬陆续采收；春季大棚栽培，1 月下旬至 2 月上旬温室育苗，3 月中旬（需扣小拱棚）至下旬定植，6 月上旬至 7 月下旬陆续采收；冷凉山区大棚越夏长季节栽培，2 月中旬至 4 月上旬播种育苗，4 月上旬至 5 月下旬定植，6 月中旬至 7 月下旬开始采收，夏季采取降温措施，可采收至下霜前。秋冬日光温室栽培，8 月育苗，9 月定植，11 月至翌年 2 月采收。

三十一、黑圣女

植株无限生长型，主茎第 7～8 片叶着生第 1 花序，中熟，以总状花絮为主，每穗着生 6～10 朵，果实长卵形，带突尖，未成熟果果面上嵌有绿色条纹，成熟果为黑紫色，果面上嵌有绿色条纹。单果重 35 克左右，口感风味独特，沙甜可口，商品价值高，是保护地特色番茄生产中的佳品。

在山东寿兴等地有种植。

三十二、川科 4 号

四川省农业科学院经济作物育种栽培研究所育成的番茄一代杂种。2008 年 2 月通过全国蔬菜品种鉴定委员会鉴定（国品鉴菜 2008010）。

该杂种一代，中熟，无限生长型。叶色深绿，果形近圆形，红色，果实硬度中等，平均单果重8.4克，可溶性固形物含量7.02%，果实商品果率86%。抗病毒病、青枯病、枯萎病及叶霉病。

2005—2006年参加第七轮全国鲜食番茄品种区域试验，前期产量平均亩产537千克，总产量平均亩产2 367千克；2007年生产试验，前期产量平均亩产876千克，总产量平均亩产2 541千克。

栽培要点：适宜越冬茬、秋延迟、春早熟栽培。采用工厂化或营养土育苗，适时播种，育苗移栽，每亩3 000～3 500株。单秆整枝，及时摘除老叶、病黄叶及侧枝，增加株间通风透光。

适宜在重庆、上海、山东、河北、黑龙江、陕西省（市）等相关适宜地区作保护地种植。

§4—4 罐藏加工番茄新品种

一、IVF-12

中国农业科学院蔬菜花卉研究所育成的适宜作罐藏加工和鲜果储运的极早熟一代杂种。植株自封顶生长类型，长势中等，叶色深绿，微卷，株适中。坐果率高。果形美观，方圆，果面光滑，单果重70～80克。幼果无绿色果肩，成熟果鲜红色，着色一致。果肉较厚，果实紧实，耐压，抗裂，耐储运。果实可溶性固形物含量4.5%，番茄红素含量120毫克/千克鲜重，果胶含量1.3克/千克，总酸0.53%，pH值4.23。硬度0.65千克/平方厘米，耐压力

6.50 千克/果。抗黄萎、枯萎病小种 1 和 2，耐病毒病。成熟十分集中。

栽培要点：适宜矮架密植栽培（双秆整枝，亩栽 3 000～3 500 株）和无支架栽培（亩栽 2 500～3 000 株）。肥水条件适合，亩产可达 8 500 千克以上。

二、IVF3155

中国农业科学院蔬菜花卉研究所育成的适宜作罐藏加工和鲜果储运的早熟一代杂种。植株自封顶生长类型，长势较强，叶色深绿，舒展，株较大。坐果率高，果形美观，卵圆，果面光滑，单果重 80～90 克左右。幼果淡绿色果肩，成熟果鲜红色，着色一致。果肉较厚，果实紧实，耐压，抗裂，耐储运。果实可溶性固形物含量 4.5%，番茄红素含量 80 毫克/千克鲜重。硬度 0.75 千克/平方厘米，耐压力 8.5 千克/果。抗黄萎、枯萎病小种 1 和 2，抗病毒病、耐早疫病。成熟十分集中。亩产可达 9 500 千克。

三、IVF6169

中国农业科学院蔬菜花卉研究所育成的适宜作罐藏加工和鲜果储运的中早熟一代杂种。植株自封顶生长类型，长势中等，叶色深绿，舒展，株适中紧凑。坐果率高。果形美观，方圆略长，果面光滑，单果重 75 克左右。幼果无绿色果肩，成熟果鲜红色，着色一致。果肉较厚，果实紧实，耐压，抗裂，耐储运。果实可溶性固形物含量 5.5%，番茄红素含量 120～130 毫克/千克鲜重。硬度 0.64 千克/平方厘米，耐压力 7.81 千克/果。抗黄萎、枯萎病小种 1 和 2，耐病毒病。亩产可达 8 000 千克以上。

四、IVF6172

中国农业科学院蔬菜花卉研究所育成的适宜作罐藏加工和鲜果储运的中熟一代杂种。植株自封顶生长类型，长势中等，株略大。坐果率高。果形美观，卵圆略长，果面光滑，单果重80～90克。幼果无绿色果肩，成熟果鲜红色，着色一致。果肉较厚，果实紧实，耐压，抗裂，耐储运。果实可溶性固形物含量5.0%。硬度0.78千克/平方厘米，耐压力6.78千克/果。抗黄萎、枯萎病小种1和2，耐病毒病。亩产可达8 500千克以上。

五、IVF6177

中国农业科学院蔬菜花卉研究所育成的适宜作罐藏加工和鲜果储运的中晚熟一代杂种。植株自封顶生长类型，长势强，植株生长茂盛。坐果率高，果实卵圆略长，果形美观。单果重70～80克。幼果无绿色果肩，成熟果鲜红色，着色一致，肉色好。果肉较厚，果实紧实，耐压，抗裂，耐储运。果实可溶性固形物含量6.6%。果实硬度0.75千克/平方厘米，耐压力8.02千克/果。抗黄萎、枯萎病小种1和2，耐病毒病。亩产可达7 000千克以上。

六、IVF6181

中国农业科学院蔬菜花卉研究所育成的适宜作罐藏加工和鲜果储运的中早熟一代杂种。植株自封顶生长类型，长势略强，株型紧凑。果实卵圆形，单果重70～80克左右。幼果无绿色果肩，成熟果鲜红色，着色一致。果肉较厚，果肉色好，果实紧实，耐压，抗裂，耐储运。果实可溶性固形物含量 5.0%。果实硬度 0.78 千克/平方厘米，耐压力 6.98 千克/果。抗黄萎、枯萎病小种 1 和 2，耐病毒病。亩产可达 8 500 千克以上。

七、IVF6193

中国农业科学院蔬菜花卉研究所育成的适宜作罐藏加工和鲜果储运的中熟一代杂种。植株自封顶生长类型，长势中等。果实卵圆形。单果重 90 克左右。幼果无绿色果肩，成熟果鲜红色，着色一致，肉色好。果肉较厚，果实紧实，耐压，抗裂，耐储运。果实可溶性固形物含量 5%。果实硬度 0.71 千克/平方厘米，耐压力 7.72 千克/果。抗黄萎、枯萎病小种 1 和 2，耐病毒病。亩产可达 8 500 千克以上。

八、IVF6201

中国农业科学院蔬菜花卉研究所育成的适宜作罐藏加工和鲜果储运的中熟一代杂种。植株自封顶生长类型，长势中等。果实卵圆形，果面光滑，单果重 70～80 克左右。幼果无绿色果肩，成熟果鲜红色，着色一致，肉色好。果肉厚，果实紧实，耐压，抗裂，耐储运。果实可溶性固形物含量 6.1%。果实硬度 0.70 千克/平方厘米，耐压力 8.04 千克/果。抗黄萎、枯萎病小种 1 和 2，耐病毒病。亩产可达 8 500 千克以上。

九、IVF6232

中国农业科学院蔬菜花卉研究所育成的适宜作罐藏加工和鲜果储运的中熟一代杂种。植株自封顶生长类型，长势中等。果实卵圆形，单果重 70～80 克左右。幼果无绿色果肩，成熟果鲜红色，着色一致。果肉较厚，果实紧实，耐压，抗裂，耐储运。果实可溶性固形物含量5.8%。果实硬度0.73千克/平方厘米，耐压力6.84千克/果。抗黄萎、枯萎病小种1和2，耐病毒病。亩产可达8 000千克以上。

十、IVF6242

中国农业科学院蔬菜花卉研究所育成的适宜作罐藏加工和鲜果储运的中熟一代杂种。植株自封顶生长类型。果实卵圆形。单果重80克左右。幼果无绿色果肩，成熟果鲜红色，着色一致，肉色好。果肉厚，果实紧实，耐压，抗裂，耐储运。果实可溶性固形物含量5.3%。果实硬度0.73千克/平方厘米，耐压力8.54千克/果。抗黄萎、枯萎病小种1和2，耐病毒病。亩产可达8 000千克以上。

十一、新番30号

新疆兵团农7师农业科学研究所育成的加工番茄杂交种，2008年4月获准新疆维吾尔自治区农作物品种登记委员会登记。

特征特性：新番30号为早中熟加工番茄一代杂种。从播种到果实成熟约105天，植株为有限生长型，生长势较强，株高70～76厘米；果实长圆形，幼果无绿色果肩，成熟果鲜红色，着色均匀，果肉紧实，不裂果，耐压，烂果率低；平均单果质量83克；2006年经农业部食品质量监督检验测试中心（石河子）测定，番茄红素含量202.3毫克/千克，可溶性固形物含量6.72%；高温条件下不易落花落果，坐果能力强；抗早疫病、晚疫病；果实成熟期集中，特别适合制酱和做番茄丁。无丛生株现象，后期不早衰。

每亩产量 7 000 千克左右，适宜在新疆、甘肃、内蒙古等加工番茄基地种植。

十二、新番 20 号

新疆石河子蔬菜研究所用 TD-09-4-1-2×TD-06-5-2-3 育成的早熟加工番茄新品种，2007 年通过新疆维吾尔自治区农作物品种登记委员会登记。

特征特性：新番 20 号为早熟品种，出苗至 85%果实红熟约 108 天；有限生长类型，株高 60～70 厘米；果实椭圆形或方圆形，鲜红色，平均单果质量 64 克，番茄红素含量 110 毫克/千克，可溶性固形物 4.76%；高温条件下不易落花落果，坐果能力强；耐番茄早疫病和细菌性斑点病；成熟期集中，无丛生株现象；每亩产量 6 500 千克左右，已在新疆、甘肃、内蒙古等地推广种植约 9 450 亩。

栽培要点：新疆南疆地区早熟育苗栽培，3 月上旬温室育苗，4 月 20—25 日定植；北疆地区 4 月 25—30 日定植。该品种长势较弱，建议株距 30～35 厘米，行距 60～65 厘米，每亩保苗 3 200～3 500 株。花期适当蹲苗，坐果后肥水一促到底。

十三、屯河 8 号

中粮新疆屯河种业有限公司用 N-375×N47 组配成的杂交一代种。2007 年 3 月通过新疆维吾尔自治区农作物品种审定委员会审定。

特征特性：屯河 8 号是加工番茄专用一代杂种。植株为有限生长型，从播种至始收需 94 天左右，属早熟品种。叶深绿色，叶片有缺刻；果实长圆形，鲜红色，着色均匀一致。平均单果质量 85 克，可溶性固形物含量 5.4%，番茄红素含量 136 毫克/千克，果实抗裂耐压耐储运，抗逆性强。每亩产量 6 000～7 000 千克。可作为早熟育苗移栽或直播品种栽培。

栽培要点：（1）宜采用宽垅深松不翻秧的栽培模式，深翻时施足底肥，垅宽 1.15 米，沟距 1.5 米。（2）定植行距 40 厘米，株距 32～35 厘米，亩保苗 2 500～2 800 株。（3）及时浇水追肥和防治棉铃虫、早疫病和细菌性斑点病等。

§4—5 其他具特异性状新品种

一、番茄砧木线虫绝 1 号、2 号、3 号、4 号

河南农业职业学院、中国农业大学育成。

分别以 BJ-7、DB-14、DB-15、DB-17 为母本，以 WY 抗—12 为父本配制的一代杂种。

线虫绝 1 号：极早熟。果实圆形，大红色，单果质量 12～13 克，种子千粒质量 2.5 克。根系发达，对根结线虫表现为高抗。早期幼苗生长势中等，中后期长势极强，叶色浓绿，与番茄各栽培品种嫁接亲和性极好，嫁接后番茄综合抗性强，可作番茄早熟栽培嫁接砧木。

线虫绝 2 号：中早熟。果实近圆形，大红色，单果质量 18～20 克，种子千粒质量 4.3 克。根系发达，对根结线虫表现为高抗。叶色绿，长势强，与番茄各栽培品种嫁接亲和性极好，嫁接后番茄综合抗性强，可作各茬口番茄栽培嫁接砧木。

线虫绝 3 号：早熟。果实圆形，大红色，单果质量 25～27 克，种子千粒质量 4.1 克。根系发达，对根结线虫表现为高抗。叶色浓绿，长势极强，与番茄各栽培品种嫁接亲和性极好，嫁接后番茄综合抗性强，可作各茬口番茄栽培嫁接砧木。

线虫绝 4 号：早熟。果实近圆形，大红色，单果质量 28～30 克，种子千粒质量 4.0 克。根系发达，对根结线虫表现为高抗。叶色浓绿，长势极强，与番茄各栽培品种嫁接亲和性极好，嫁接后番茄综合抗性强，可作各茬口番茄栽培嫁接砧木。

二、番茄抗病砧木 121 和 128

山东省青岛市农业科学研究所选育的番茄砧木品种，1997 年通过科学技术鉴定。

121 来源于兴津 101，植株为无限生长型，叶片灰绿色，果实红色，幼果有绿果肩，果实小，单果直径 2 厘米左右，有苦味，品质极差，高抗青枯病和枯萎病。

128 来源于 LS-89，植株为无限生长型，叶浅绿色，果实小，红色，果直径 1.5～2 厘米，有异味，品质极差，高抗青枯病和枯萎病，不抗番茄叶霉病。

以上砧木与青岛早红等嫁接亲和性好，嫁接后产量比原品种高产，果实增大，与 121 嫁接平均增产 33%，且果实含糖量和风味明显改善，与 128 嫁接平均增产 45%～55%，单果重增加 9.5%～29.7%，对始收期和含糖量无显著变化。适宜番茄青枯病、枯萎病严重地区和反季节作砧木利用。

第五章

番茄的栽培方式和栽培技术

§5—1 番茄周年生产的栽培方式和季节安排

我国地域广阔，跨寒、温、热三带，气候差异很大，番茄所用的栽培方式和季节也有很大差别。番茄的具体栽培方式和季节安排见表5—1和表5—2。

表5—1 东北、华北地区番茄栽培方式和季节安排

栽培方式	播种期	定植期	收获期	备注
温室秋冬茬	7月下旬至8月下旬	8月下旬至10月上旬	11月下旬至翌年2月下旬	防雨遮阴育苗
温室冬春茬	11月中、下旬至12月下旬	1月中旬至2月下旬	4月上、中旬至6月中旬	温室育苗
日光温室秋冬茬	7月上、中旬至8月上、中旬	8月上、中旬至9月上、中旬	10月上、中旬至翌年2月上旬	防雨遮阴育苗
日光温室冬春茬	11至12月	1至2月	3至6月	温室育苗
塑料大棚春茬	1月上旬至2月上、中旬	3月中、下旬	5月中、下旬至7月上旬	温室育苗
塑料大棚一大茬	2月上、中旬	4月中、下旬	6月中、下旬至9月下旬	温室育苗

续表

栽培方式	播种期	定植期	收获期	备注
塑料大棚秋茬	6月下旬至7月上、中旬	7月下旬至8月上、中旬	9月下旬至10月	防雨遮阴育苗
简易覆盖春茬	2月上、中旬	4月上、中旬	6月上、中旬至7月	温室阳畦育苗
春露地	1月下旬至2月下旬	4月中、下旬	6月中旬至7月	温室阳畦育苗

表 5—2　西北地区番茄栽培方式和季节安排

栽培方式	地区	播种期	定植期	收获期	备注
温室秋冬茬	西安	7月下旬至8月下旬	8月下旬至10月上旬	11月下旬至翌年2月下旬	防雨遮阴育苗
	兰州、乌鲁木齐	7月下旬	8月下旬至9月中旬	11月下旬至12月上旬	防雨遮阴育苗
温室冬春茬	西安	11月中、下旬至12月下旬	1月中旬至2月下旬	3月下旬至6月	温室育苗
	兰州、乌鲁木齐	11月上旬	1月上旬	3月中、下旬至7月	温室育苗
日光温室秋冬茬	西安	7月上、中旬	8月上、中旬	10月上、中旬至12月上、中旬	防雨遮阴育苗
	兰州、乌鲁木齐	6月中、下旬	7月中、下旬	9月下旬至11月下旬	防雨遮阴育苗

续表

栽培方式	地区	播种期	定植期	收获期	备注
日光温室冬春茬	西安	11至12月	1至2月	3至6月	温室育苗
	兰州、乌鲁木齐	12月下旬至1月下旬	3月	4月下旬至7月	温室育苗
塑料大棚春茬	西安	1月中旬至2月上、中旬	3月中、下旬	5月中、下旬至7月上旬	温室育苗
	兰州、乌鲁木齐	1月下旬至2月中旬	3月下旬至4月上旬	6月上旬至7月	温室育苗
塑料大棚一大茬	兰州、乌鲁木齐	1月下旬至2月上、中旬	3月下旬至4月上旬	5月中旬至9月	温室育苗
塑料大棚秋茬	西安	6月下旬至7月上、中旬	7月下旬至8月上、中旬	9月下旬至10月	防雨遮阴育苗
	兰州、乌鲁木齐	6月中、下旬	7月中、下旬	9月中、下旬	防雨遮阴育苗
简易覆盖春茬	西安	2月上、中旬	4月上、中旬	6月上、中旬至7月	温室阳畦育苗
	兰州、乌鲁木齐	2月	4月中旬至5月上旬	6月中旬至7月	温室阳畦育苗
露地春茬	西安	1月下旬至2月中旬	4月中、下旬	6月中旬至7月	温室阳畦育苗
	兰州、乌鲁木齐	2月中旬至3月下旬	5月上、中旬	7月上旬至8月中旬	温室阳畦育苗
露地一大茬	兰州、乌鲁木齐	2月中旬至3月下旬	5月上、中旬	7—9月	阳畦育苗

番茄是喜温性作物，不耐霜冻，但在30℃以上的高温多雨季节也开花坐果不良。所以，各地应根据当地气候、设备条件和市场情况确定上市适期，再确定定植期和播种适期，最大限度地利用自然条件和设施，合理安排栽培方式和栽培季节。

为充分利用土地和设施种植多种蔬菜，减轻番茄连作障害，减轻病虫危害等，应进行轮作倒茬，其原则是：

1. 不与同科属作物接茬，如不同茄子、辣椒等接茬，因同类作物从土壤中吸取的养分类似，病虫害相同，会加重连作障害。可与稻麦等大田作物或豆类、绿叶菜类、葱蒜类等蔬菜接茬。与玉米、棉花等邻作，会加重棉铃虫等危害。与黄瓜、白菜等需肥而浅根性作物接茬，有利于番茄养分吸收。

2. 高矮作物间作有利通风透光。番茄是喜光作物，与甘蓝类作物、绿叶菜类作物隔畦间作有利高产。

3. 根据市场需求、技术水平和设施条件安排茬口，如在高效节能日光温室中可安排秋冬茬、越冬茬和冬春茬，在秋冬茬中除番茄外还可种黄瓜、韭菜、芹菜、青蒜苗或蒜黄、各种绿叶菜类、食用菌、草莓等。如秋冬茬种番茄后，接冬春茬黄瓜，技术上易掌握，两茬合起来产量高，成本相对较低，但秋冬茬番茄收获期会和大棚秋延后储藏番茄相会而影响销量，安排面积时要注意根据市场需求而定。越冬茬除番茄外，还可种植黄瓜、青椒、茄子、西葫芦、菜豆、绿叶菜类等。越冬茬番茄一般8月下旬至9月上旬播种育苗，10月下旬定植，从1月一直收到翌年6月，是解决春节和早春番茄供应的重要茬口，此期市场价格较好，但设备技术要求较为复杂。冬春茬番茄的上茬可是黄瓜、韭菜或绿叶菜类。冬春茬番茄在产量、质量、产值等方面都占优势，若种韭菜，甚至可在割一茬后即套栽番茄，以确保此茬番茄早收获，以增加产值。

§5—2 高效节能日光温室番茄栽培技术

一、日光温室结构性能

高效节能日光温室是指有三面围墙、后屋顶，脊高在2米以上，有透明和不透明保温覆盖物，其热源完全来源于太阳辐射（在一定地域条件下也不排除临时补温设备）的保护地设施。日光温室的使用，使我国在北纬33°～43°（长春、乌鲁木齐至郑州、汉中）的广大地区冬季不加温也能生产喜温的黄瓜、番茄等蔬菜，在北纬43°以北地区，冬季可进行耐寒性蔬菜生产。此种设施由于成本较低，产值等效益高而发展很快。

我国日光温室的结构类型很多，按前屋面形状，基本有两类。

1. 一面坡形和一斜一立式屋面。这类温室优点是屋面采光角度大，采光好，冬至光能直射后坡内侧，阳光分布均匀，空间小，升温快，好覆盖。缺点是前坡低矮，不便作业，不能种高株作物，压膜线不易压紧棚膜。为改造一面坡形屋面前端过低和加大利用空间，在辽宁南部、山东、河南、江苏一带改为一斜一立两折式日光温室（如承德、山海关日光温室，山东春用型日光温室和瓦房店琴弦式日光温室等）。这种温室空间加大，但只限冬季不太严寒，日照好的地区生产耐寒性蔬菜。生产果菜类一般要2月中旬以后定植。一坡一立式日光温室结构简图如图 5—1 所示。

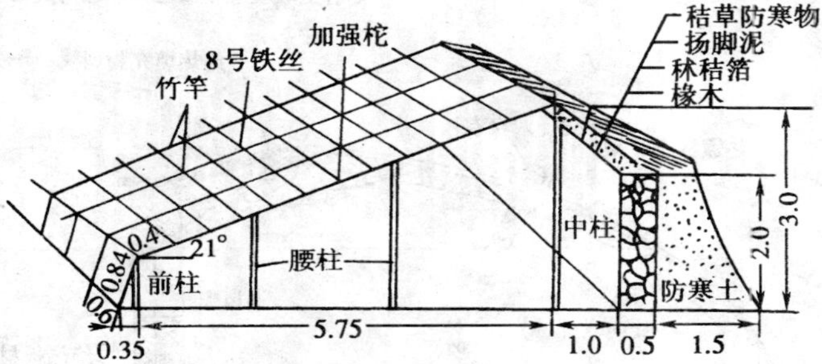

图 5—1 一坡一立式日光温室结构简图

2. 半圆拱形屋面。半圆拱形屋面的优点是采光好，空间较大和便于压紧薄膜，若用铝钢骨架可完全省除立柱，空间更大，整个温室加上机械卷帘、放风、补充加温等，变成半自动化的高级节能日光温室，如图 5—2 所示。

在选用和建造日光温室时，要考虑地理位置、资金状况、用途和效益等多种因素。对温室的结构和设备应注意以下几点：

(1) 采光屋面的形状。前屋面是采光吸热的唯一来源，冬至时，太阳与地面夹角加上屋面夹角应等于 60°为合理，因在一定纬度上冬至时太阳夹角不变。经推算某一地区温室合理的采光角度等于当地地理纬度减 6.5°，如北京温室合理的采光角度为北纬 40°－6.5°＝33.5°为宜。

(2) 日光温室后坡的长短。后坡起储热保温、调节温度、人行作业的作用，同时也可当做草苫等覆盖物用。故其长短、厚薄和材料都很重要。长后坡日光温室，如海城式、永年式都在 3 米左右，以柴草泥土为主，厚度 60～80

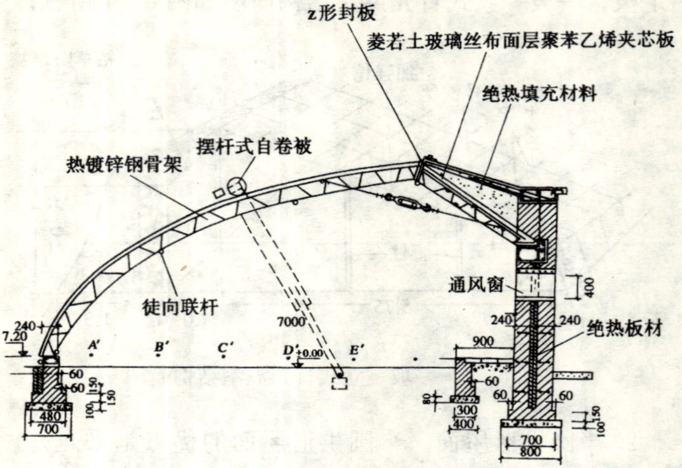

图 5—2　日光温室横断面图

厘米以上，保温能力很强，还可吸湿、放热、缓解降温，起“冬暖夏凉”作用。短后坡可提高土地利用率，但不利保温。

（3）后墙高度。后墙支撑后坡，其高度影响后坡空间的大小和后坡仰角的大小。矮后墙有利于增大后坡仰角，增加严冬期进光，也有利于后墙外围土，增强保温性，如在沈阳，若后墙厚 110 厘米，散热系数为 0。若后墙增高，仰角加大，则需增加脊高，若仰角小，则需增加遮阴面，应因地制宜考虑。

（4）日光温室横断面形状。透光和保温是日光温室的重要指标。前后坡在地面上的投影比对此有直接影响。经研究在纬度为 39°～43°地区，若温室跨度 6 米的，以中柱高 2.4 米、后墙高 1 米，投影比 4∶2 或中柱高 1.8 米，投影比为 4.5∶1.5 为宜。

（5）日光温室的跨度。从温室南屋面底脚到北墙内侧的距离称为跨度。大多数日光温室跨度为 6～7 米。跨度越大，有效生产面积越大，但中柱高度、后坡长度和后墙高度相应增加，每增加 1 米跨度，中柱高要增加 0.2 米，后坡加长 0.4 米。相应的建材数量和质量也要提高，会增加生产成本。否则，不利于保温、采光和整体牢固性。一般冬用型日光温室高跨比以 0.6 为宜，春用型种植叶菜类蔬菜，其跨度可适当增大。

（6）温室建筑材料应考虑保温性和成本。泥土、秸秆比砖、水泥保温性好，且易移动，适于农村。泥土、秸秆、水泥预制梁柁立柱也较经济实用。建砖、水泥、钢架大型先进日光温室，要因条件而异。

（7）温室的保温增温设备。用聚氯乙烯无滴耐老化膜为好，它是高保温日光棚膜，透光性、保温性好，可保持无滴 3～4 个月，因加了消雾剂故有正反面，无污染，可使用 3 年，破口缝合后不易开裂，不透明覆盖材料可用蒲席、草苫、纸被、棉被、涤纶长丝农用不织布和聚乙烯高发泡软片等。聚酯被加自动卷帘设备较为先进。

二、日光温室冬春茬栽培技术

在日光温室种植番茄可一年两茬栽培，即秋冬茬和冬春茬；也可春到秋一大茬栽培，称越冬茬。冬春茬栽培在华北地区一般 11 月上旬至 12 月上旬播种，翌年 1 月中、下旬至 2 月上旬定植，3 月中旬至 6 月收获，属春提前栽培型。此期在冬季育苗，但定植后，温度、光照逐渐提高和加长，与番茄自然生长发育一致，因而产量高，供应时间长，且在大棚和露地早熟栽培供应期前，价格高，效益好，是日光温室的最主要茬次。

1. 选用优良品种。冬春茬番茄应选用生长势较强，叶量中等，既耐低温又耐高温，坐果和连续坐果能力强，产量潜力大，优质多抗的番茄品种，参见第四章。

2. 培育无病（虫）优质壮苗。培育壮苗是获得番茄优质高产的基础，因为当幼苗长到 7～8 片叶时，其内部花芽分化已至第 3 穗，打下了番茄大部分果实质和量的基础。此期育苗正在严冬季节，易受冻害冷害，加强防寒保温是关键。

（1）播种前准备。冬春茬番茄育苗多在温室或日光温室中进行。所以栽培上茬时要考虑好育苗的场地和方式。最好有专门的育苗温室，如温室上茬倒不下来，也可采取温床、电热线温床、阳畦和中棚结合保温方式进行。苗床面积按每亩番茄播种床 7.5～8 平方米、分苗床 60～70 平方米或上口直径 10 厘米的苗钵 4 000 个来准备。育苗要用配方营养土，播种床需铺 6～8 厘米厚，分苗床需铺 10～12 厘米厚。营养土配方可根据当地材料选用，较好的配方按草炭和蛭石 4∶1 混合，每立方米加 10 千克腐熟鸡粪和 1.5～2 千克氮、磷、钾等比复合肥充分混合。也可用草炭 50%＋蛭石 30%，腐熟大粪干或鸡粪 10%＋园土 10%（园土黏重而不肥时）。也可用园土 30%（肥而黏重时）＋过筛细炉灰（蜂窝煤灰）40%＋腐熟马粪 30%（若分苗用，也可换成 30%腐熟圈粪或堆肥）。也可用园土 30%＋60%腐熟马粪等配方。其他如炭化稻壳、河泥、草木灰等都可就地取材用于育苗。总之，育苗土要求通气性好，营养充足，保水保肥力好，无侵染性病原菌和虫害等，所有苗土材料均要过筛。对老菜地，床土要进行消毒处理，常用五代或五福合剂 8 克，先加细土 1 千克混匀，再加 14 千克拌匀，待播种水渗完后，将 2/3 药土盖地，播种后再盖 1/3 药土，成下铺上盖状。也可用 70%多菌灵或 70%甲基托布津 5 克配药土使用。分苗水也可用双效灵Ⅱ400 倍液再加少量甲霜锰锌浇灌，以防苗期猝倒病和立枯病等。若用新的草炭蛭石、膨化鸡粪等当时配成的营养土，则可不用消毒。

（2）播种。选用品种纯正，籽粒饱满的优质种子。播种前应进行种子消毒和浸种催芽处理，以防通过种子带入病毒病、叶霉病、早疫病、枯萎病和溃疡病等。消毒方法可用温汤浸种。将干种子放入 52～55℃热水中不断搅拌，直至水温降至 25℃左右，浸种 6～8 小时后洗净催芽。也可用药剂消毒，用 10%磷酸三钠浸种 20 分钟后充分洗净，至种子不再发滑，或用 200 倍稀盐酸液浸种 3 小时，用清水洗净，可防病毒病。用清水浸种 4～5 小时后，放入 1%福尔马林溶液浸 15～20 分钟，捞出用湿布包好，放密闭容器中闷 2～3 小时后充分洗净，可防早疫病、叶霉病等。用 40℃温水浸种 3～4 小时，将种子再放入 1%高锰酸钾溶液中浸 10～15 分钟，然后用清水洗净，可减轻溃疡病、病毒病危害。对消毒过的种子浸种 6～8 小时，浸种结束后，将种子充分洗净，用湿布包好放于 25～28℃下催芽，当种子萌动露白时，将温度降至 22℃使芽健壮，至芽与种子等长前即可播种。在催芽过程中每天用同温度水冲洗翻动一次，催芽以温箱最好，也可放于浸湿的瓦罐中放在炉旁催芽。播种前先将床土灌足底水，水渗下后，撒一层极薄底土（又称翻身土），使芽不直接接触泥床，后将催完芽的种子均匀撒播在苗床上，每平方米苗床可播 15～20 克种子，每亩用种量25克左右。为了播种均匀，可在种子中掺些细潮土。播种后立即覆盖厚为1～1.2厘米的细土，若用草炭蛭石等轻质床土覆盖则要更厚些，以防种子带种皮出土。播种后搭小拱棚，盖严薄膜或直接盖一层地膜，以利增温保湿。

（3）苗期管理。播种至出苗阶段要提高温度，以促使快出土，白天26～28℃，夜温20℃以上。当幼苗大部分出土时，撤掉薄膜，上一次土，以盖严土缝和帮助"脱帽"。从齐苗到吐心，则要适当降低温度，白天22～25℃，夜间13～14℃，以防下胚轴过度伸长徒长，促使子叶肥厚伸展。吐心至3片真叶分苗前，按正常温度管理，白天25℃左右，夜间13～18℃。分苗前3～4天要适当降温炼苗，白天20～22℃，夜温不低于8℃，使幼苗叶色深绿下胚轴微紫。分苗前一天浇水，若全用草炭蛭石等轻松床土也可维持潮土，不用浇水。为扩大幼苗营养面积，须切断主根促发侧根，淘汰弱苗、病苗、无心苗等。在幼苗3片真叶时，需进行分苗，将幼苗带土开沟栽或单株移栽，株行距8～10厘米，每平方米苗床分苗100～150株。也可将苗栽于苗钵。分苗不要过晚，因为4片真叶时，苗端即开始花芽分化，此期分苗，生长受阻，会影响花芽的质和量，形成畸形果等。分苗后需立即浇分苗水，并提高温度，以促进缓苗。气温白天25～28℃，夜间17～18℃，地温白天20～24℃，夜间20～22℃，一般7天后，当大叶转绿，心叶见长，新根喷出，有吐水现象，即早晨叶尖挂露珠时，表明已经缓苗。此后温度可恢复正常，气温白天21～26℃，夜间12～13℃；地温白天18～20℃，夜间16～18℃。定植前7天要加强炼苗，适当通风降温，因此时仍在严冬，要防降温过度而受冻。幼苗6～8片叶时，带有大花蕾，叶厚肥大，茎粗节短，茎显微紫色即成壮苗。育苗期中，若叶色淡、缺肥时，可喷0.3%～0.5%尿素或磷酸二氢钾进行根外追肥。若用苗钵要及时动坨疏坨，以防根系扎入土中并增加营养空间，平床育苗也可待起坨后，摆放整齐，周边围土，以利伤根愈合和萌发新根，定植时也不易散挖，这项措施叫“囤苗”，一般囤苗4～5天即可定植。苗期还应注意温室白飞虱的防治，不能带虫定植。苗龄一般为60～70天。

3. 细致整地，适时定植。冬春茬番茄是继秋冬茬蔬菜之后栽植的，所以秋冬茬蔬菜一定要及时腾地，收获后及时清理地面，深翻两遍土地，以利散墒提温。将预先准备好的腐熟有机肥，如圈肥、鸡粪、堆肥等捣细过筛，每亩根据上茬地力情况施4 000～8 000千克，再加过磷酸钙10～200千克，硫酸钾25千克，尿素、硝铵等速效氮肥20～50千克，或用50千克磷酸二氨代替以上两种磷、氮肥。将肥混匀后铺施，与土混匀。也可清理田园后先铺肥，再深翻两遍地，翻后耙平，按100厘米（自封顶型品种）或120厘米（无限生长型品种）行距做成20厘米高、40～50厘米宽的垅，将垅顶耙平，在垅顶两边开沟，做成高垅畦。在高垅畦内定植两行，间距35～45厘米，株距30厘米，亩栽3 000～3 500株。定植时正值严冬季节，要选晴天上午栽苗，栽后最好能有几个晴天，以利缓苗。定植后浇水，并盖地膜或插小拱棚盖严薄膜，若有补充加温设备可不用地膜或拱棚。

4. 定植后的管理。

（1）秧果生长盛期以秧为主期（从定植开花至第1穗果膨大前的时期）。

1）温度管理。定植后，为促进缓苗应提高气温和地温，白天温度保持在25～30℃，夜间温度保持在15～18℃，并及时中耕。当秧苗大叶转绿，心叶见长，新根发出并有吐水现象时就是缓苗了，此时第1穗正在开花。缓苗后，白天温度应保持在23～25℃，夜间温度应保持在13～17℃。

2）及时吊蔓或插架，打杈绑蔓、沾花疏果等。吊蔓前在番茄定植行上方布好一条8号铅丝，每株用一条塑料绳，将上端固定在铅丝上，下端拴在植株下方茎上，将秧缠绕在塑料绳上，注意不要碰断花、叶等。塑料绳要牢固，以防秧大果多时拉断。若用竹竿插架，每株一条，插成直架或人字形架。插直架后要绑横竿，以增加牢度，较有利于通风透光。绑蔓时要注意不要太紧，以放进手指为宜，否则，茎长粗时会受伤。绑蔓时将花穗调至架外侧，并尽量避开花序节位。

3）保花保果。第1穗开花时，为防止落花和促进果实膨大，需用植物生长素，常用的有2，4-D、番茄灵等（2，4-D用15～25 ppm，番茄灵用20～30 ppm），在开花时沾花或喷花，但不要喷在嫩枝嫩叶上。据试验：用沈农丰产剂2号每支8毫升，兑水750毫升喷花，效果更好。生长素的浓度应随天气、品种而异，一般温度高时浓度可较低，天气冷时浓度可稍高。一旦使用，要上、下果穗全用。若在生长素中加50％多菌灵500倍液，或50％速克灵1 000倍液，对防治番茄灰霉病效果很好。若用量过大或时期不当会造成果实畸形或空果，若用熊蜂或振荡授粉则更有利于环保。

4）疏花疏果。为了提高果实品质，上下坐果均匀，在每穗坐果后，应选留4～5个坐果早、果形正的果，将前部多余的花及畸形果等疏除。此期是调节秧果关系的重要时期，水肥不当，容易徒长。缓苗水后，多锄少浇，促根下扎、促秧壮长，尽快发棵，以使茎粗节短，叶茂色深，花大鲜黄，秧果协调。但若蹲苗过度，土壤过干，会使秧苗缓长老化、落花落果。

（2）果秧生长盛期，以果为主期（结果期）。

1）追肥浇水。当第1穗果长到核桃大时，可结束蹲苗，亩施硝铵15～20千克、过磷酸钙25～30千克或三元复合肥20～25千克，施后浇透水，为防地裂，隔3～5天可连浇第2水，当第2、第3穗果长到核桃大时也追肥浇水，一般清水、肥水相间。视天气情况，每6～7天浇一次水，以保持土壤湿润。

2）温度管理。白天温度保持在23～25℃，不超28℃，夜间温度保持在15～17℃，天暖后要及时通风，温度太高，光合物质积累少，着色差。

3）植株调整。对自封顶品种可用双秆整枝，将花下第1侧枝保留，形成双秆4杈7穗果。也可一秆半整枝，半秆花前留2叶摘心，每株留5～6个小穗，坐9～10果。为加大叶面积可适当留辅养枝，将第1穗花下第2侧枝留2叶摘心，上部侧枝也留2叶摘心，这对发棵、长根都有利，可提高早期产量和总产量。对无限生长型的中熟品种以单秆整枝为好，将所有侧枝摘除，仅留主干，继续生长。第1次打杈不要过早，要侧枝长到10厘米左右再打，因地上部发枝和地下部发根有相关性，定植后较晚打杈有利根系发展。但打杈过晚会消耗养分，造成落花或结果不良。

4）摘心打顶。冬春茬番茄结果时间长，一般可5穗打顶，在预留果穗上部留2叶摘心，以保证顶部果穗的营养叶面积并防止日灼果实。

5）打底叶。当第1穗果实成熟期，下部叶片已老化，甚至变黄、有病，整个田间株高叶茂，已显郁蔽时，特别是露地品种在日光温室种植，叶量过大时，可将第1穗果下部叶片分次打去，以适当减少叶量，增加通风透光，有利于果实着色成熟。

5. 适时采收。番茄果实熟期可分绿熟期、白熟期、黄熟期（果顶部显色）、成熟期（只是果肩部未着色）和完熟期（整个果面完全着色）。根据采收目的可在不同时期采收，如需上市远运，可在黄熟期采收，如次日上市，当时炒食，以成熟期采收为佳，如要当日鲜食或采种则以完熟期风味最佳。冬春茬番茄主供早春淡季及清明、五一等节日，并赶在大棚番茄大量上市前提早成熟上市，对丰富市场供应和获取较好的经济效益都很重要。为提早成熟，可用乙烯利催熟，也可在植株上催熟。具体方法是配好800～1 000 ppm乙烯利溶液，戴棉线手套，浸湿后轻轻涂在自熟期果实表面，可提前4天成熟。也可采后催熟，具体方法是将自熟期果实在2 000 ppm乙烯利溶液中浸1～2分钟后，码放，在温度为25℃条件下，4～6天即可上市。整株处理：植株后期，为了集中提前上市或倒茬需要，用800 ppm乙烯利溶液喷洒整个植株，可促使叶片褪绿，果实变红，提早7～10天结束生产。

三、日光温室秋冬茬栽培技术

秋冬茬番茄前期处于高温阶段而结果期在冬季，主要供应元旦、春节等节日市场，经济效益高。秋冬茬番茄生长所处的气候条件正与冬春茬相反。由于育苗期和坐果前期正遇高温，植株易徒长、得病，坐果不良，而结果期又在严冬，低温、弱光，易造成坐果和膨大障害，故此期要求技术性强。华北地区一般在 7 月下旬至 8 月中旬播种育苗，8 月中旬至 9 月上旬定植，11 月至翌年 2 月上旬收获。

1. 选用适应性强的优良品种。参见第四章。

2. 培育无病虫优质苗。育苗期出现高温、强光、干旱、多雨、病虫、伤根等对苗的成长都极为不利。故此期育苗应掌握以下要点：

（1）防伤根。用无病虫的轻质培养土（如草炭：蛭石为 1：1，每立方米培养土加 10 千克膨化鸡粪，再加 1.5～2 千克三元素复合肥）在 8 厘米×10 厘米的苗钵中直播为佳。

（2）防高温、强光和雨淋。在苗钵区架拱棚，上部覆盖薄膜和遮阳网，四周通风，整个苗期不能见雨水。

（3）防蚜虫、白飞虱、美洲和南美斑潜蝇等害虫。可在大棚周围通风处设防虫网，苗钵上部挂黄板诱杀，或齐苗后 5～7 天喷一次溴氰菊酯（敌杀死）2 000～3 000 倍液。

（4）苗钵内见干见湿，不要过旱，以防高温干旱得病毒病，也可给植株喷水降温。但浇水过多会促使苗徒长，使苗又高又弱。

（5）小苗定植。苗龄 25 天左右，苗长到 5～6 叶时定植为宜，这样少伤根，易成活。

（6）用抗病品种，特别是抗病毒病、叶霉病等病的品种。且多育 30%左右的苗，以备选苗和定植后疫病死苗的补栽。播种时每钵 2～3 粒，出苗后及时上土，适当晚间苗、晚定苗。

只要切实按以上要求去做，就会育成过去认为该期极难成功的优良幼苗。秋冬茬育苗因无降温设备，不能要求像春苗那样健壮，只要不得病毒病，不过分细高，徒长，即使节间稍长也属正常。此期露地直播，前期在露地生长，

10 月上旬再盖棚膜也可，但要精细管理，且风险性大。

3. 整地定植。清理田园后，在温室栽培地上，每亩铺施优质农家肥 5 000 千克以上，过磷酸钙 70～100 千克，硝铵 20 千克左右，深翻两遍使土壤和肥料混匀，耙平后，按 50～60 厘米起南北垅，垅高 15～20 厘米，选阴天或傍晚将小苗栽于两垅半坡，不要过深，齐坨为准，然后在栽苗的两行间浇水，水不要过大，以水洇坨为宜，防止大水淹没苗，否则苗易得疫病，在地表处烂茎而死。也可按 100 厘米或 120 厘米为 1 行，做成高垅畦，每畦栽苗 2 行，株距 25～30 厘米，亩栽 3 000～3 500 株，栽后在高垅畦上浇水。

4. 定植后的管理。为防雨和积水，应定植在盖有棚膜和遮阳网的日光温室内，温室上部和下部通风，后墙窗也全打开。若在开口处设防虫网则更好，以防止蚜虫、白飞虱等传毒危害。定植后及时浇定植水，及时中耕散墒，防止高温、高湿造成根际处疫病死苗。中耕时严防伤根。浇水保持不旱不浇，可多次中耕。缓苗后及时整枝打杈（第 1 次打杈不可过早）、吊蔓，开花时及时沾生长素。若定植时未上屋顶或棚膜，则雨后要及时排水、中耕。气温降至 16～18℃时要及时扣膜。华北地区一般在 9 月下旬至 10 月上旬扣膜。盖膜后注意通风降温排湿，特别应防止夜温过高引起植株徒长。白天温度一般控制在 25～27℃，夜温一般控制在 14～16℃，随光照减少，天气变冷，白天温度可控制在 22～25℃，夜间温度控制在 10～18℃。当气温降至 10℃以下时（华北地区 10 月下旬）就应夜间盖苫，11 月中旬后则要严加保温措施，保证最冷时夜间气温不能低于 8℃。整枝方式同冬春茬，留 3～5 穗果，在最上果穗留两叶摘心。追肥浇水：当第 1 穗果长到核桃大时，结合蹲苗结束水，随水灌施硝铵，每亩施20～25千克。以后看苗情追肥浇水，12月后一般可不再浇水，浇水过多易降低地温并加重裂果。番茄秋冬茬的病虫害防治，前期以防病毒病为重点，10月后以防晚疫病、灰霉病、叶霉病为重点。此期蚜虫、温室白飞虱、美洲和南美潜叶蛾、棉铃虫均危害严重。防治方法参照第七章。

5. 果实采收。一般番茄秋冬茬，在定植后60～70天即可采收，后期果实因温度低而成熟慢，采收终期以不误下茬为目标，若成熟不了，可采下后熟，然后陆续上市，直至新年、春节，价格高，效益好。

四、日光温室越冬茬栽培技术

日光温室越冬茬栽培，华北地区一般在8月中、下旬至9月上旬播种育苗，10月定植，翌年1月至6月收获。为了更充分地利用夏秋季的气候条件，进一步提高日光温室的利用率，提高经济效益，中国农业科学院蔬菜花卉研究所成功地研究出“节能日光温室长季节高产栽培技术”。此项技术的应用，一般是每年的7月15日播种育苗，8月15日定植，11月3日至翌年7月30日拉秧，采收期长达9个月。此外，在严寒季节及春淡季也能供应上市，亩产20 240千克，产出投入比高达2.9∶1，取得很好的经济和社会效益，值得推广。下面简述其关键技术：

1. 良好的节能日光温室条件。温室墙体为二四双层砖中空墙，空心墙内填厚5厘米的聚苯板，温室墙体的墙厚为60厘米，墙高为210厘米，脊高为310厘米，内跨600厘米，后坡仰角35°，前屋面为拱圆形钢架结构。拱圆形钢架结构上覆盖一层无滴长寿膜，到冬季在无滴长寿膜上再覆盖草苫或农用发泡被。

2. 选用多抗、优质、高产番茄品种。参见第四章。

3. 科学细致的田间管理。

（1）培育无病虫优质苗。同秋冬茬夏季育苗技术。

（2）细致整地、配比施肥，适期定植。整地前测土壤营养，如测得的土壤有机质为 1.57%、碱解氮为 93 ppm、速效磷为 346 ppm、速效钾为 263 ppm，则基肥每亩需施腐熟牛粪 10 000 千克、烘干鸡粪 2 000 千克，加复合肥 80 千克。按行距 60 厘米做成小高畦，覆盖银灰黑色地膜，以利降温、避蚜虫。后期改为透明地膜。双行定植，株距 35 厘米，亩栽 3 000 株。铺设膜下软管滴灌。8 月 15 日定植。

（3）定植后管理。

1）浇水追肥。浇水采用膜下软管滴灌或膜下暗灌，可节水 30%～50%，整个生育期灌水 18 次，耗水 300 立方米，结合合理防风，使温室内相对湿度比大水漫灌降低 20%左右。12 月中旬至翌年 2 月初减少灌水量，每次 10 立方米左右，以防降温和增加空气湿度，并可减低灰霉病和晚疫病危害。在第 1 穗果实迅速膨大前（核桃大小）追第 1 次肥，每亩用三元复合肥 20 千克，以后根据秧情追肥，共追 6 次，每亩追肥总量 120 千克。

2）温光调控。从定植到生育前期，正处高温多雨强光季节，这时可覆盖旧膜加遮阳网，这样晴天中午可降温 2～3℃，减弱光照 20%～30%，并起防雨作用。要充分利用节能日光温室上、下风口的高度差进行昼夜通风降温，加上适当灌水，尽量降温。12 月至翌年 2 月要加强保温，10 月下旬要加草苫覆盖，保持室内最低温度不低于 8℃，晴日白天仍达 25℃以上。此期光照也弱，要及时清除棚膜上的灰尘及草苫残渣并在温室北侧挂银色反光幕，这样可使温室内的光照强度提高 5.2%。3 月以后，应加强放风，采取降温减光措施。

3）植株调整。长季番茄采用单秆整枝法，及时打杈、吊蔓、绕蔓。当番茄顶部接近棚顶时要落秧，将下部叶片打掉，顺行整齐地盘在高垅地膜上，每株留 22～24 穗果，在预留果穗上方留 2 片叶摘心打顶。在每次开花时用 30 ppm 防落素沾花，以保花保果。每次选留 4～5 个好果，其余疏除。

4）综合措施防治病虫害。番茄生长期间，在温室放风口用 40 目防虫网，同时在室内挂诱虫黄板，结合高效低毒农药熏蒸和喷施，可有效地控制蚜虫、温室白飞虱、美洲和南美斑潜蝇、棉铃虫。农药防治结合优良的抗病品种、栽培措施等可防治病毒病、灰霉病、叶霉病、晚疫病等。

§5—3 塑料大棚番茄栽培技术

一、塑料大棚的结构性能

塑料大棚一般是指宽 5 米以上，高 1.5 米以上，面积 0.5 亩以上的塑料棚。这种大棚由于栽培面积大、棚内空间大，具有温湿度等棚内环境较中小棚相对稳定，操作方便、建造较容易等优点，它和建有北墙保温的单坡面塑料膜且有外层覆盖物的日光温室一起，成为蔬菜保护地设施的主体，对番茄等蔬菜提早上市，延长供应期，改进品质，促进高产，扩大栽培范围等起着重要作用。特别在北方大城市周围和新兴蔬菜基地，其产量已超过露地番茄而成为番茄生产的主要形式。

目前，生产上多用竹木大棚（一般宽 8～12 米，长 60～70 米，面积 1 亩左右）、竹木水泥预制件棚（立柱全用水泥件，花梁和压杆用竹木或钢筋、铁丝。用钢筋和铁丝较坚固耐用但成本较竹木棚稍高）和镀锌钢管装配棚。镀锌钢管装配棚已成为成型商品棚，一般棚宽 8 米、高 3 米，棚长 40 余米，面积 0.5 亩左右，面积可随管架加多而加大。此种棚坚固耐用、装拆方便、轻便美观。随着经济的发展，此种类型的棚将成为主要形式。

大棚内由于塑料薄膜的覆盖，造成了一个特定的环境条件，与露地相比有以下特点：

1. 平均气温比露地高，可使栽培季节提前 20～30 天。晴天白天气温升温快，夜晚降温也快，加大了昼夜温差，有利于作物生长，但若管理不当也会造成温度过高或冻害。京、津地区番茄在 3 月下旬即可定植，但要注意寒流、防冻。

2. 大棚对内部土壤温度有明显增温作用。京、津地区 3 月下旬，地下 10 厘米地温即可稳定在 10℃以上，符合番茄根系开始生长的要求。

3. 棚内空气湿度大，经常高于外界。京、津地区 3—10 月，大棚内相对湿度一般白天为 50%～60%，而夜间经常在 90%左右，连续阴雨天气、降温或灌水后如不能或不及时防风，棚内空气相对湿度会急剧增加，甚至持续为 90%～100%，容易引起番茄叶霉病、灰霉病、晚疫病等发生，应特别注意。

4. 棚内光照较弱。通过实测，北京地区新膜覆盖的大棚内距地面 60 厘米处的日均光照强度为 27 367 勒克斯，同期露天为 39 933 lx，大棚内比露地光照强度减弱 31.5%，若是用旧膜则只为露地光照强度的 43.2%。光照强度直接影响棚内气温、地温和番茄光合作用，对此应特别注意。

5. 大棚内二氧化碳浓度变化较大，应及时调节。空气中一般二氧化碳含量为 300 ppm，但在夜间，由于棚内增施的基肥，加强了土壤微生物活动和作物的呼吸作用，使得棚内二氧化碳浓度可增高 1 倍以上。而在晴天早上，随着作物光合作用的消耗，又常会低于外界二氧化碳含量，所以要及时通风予以补充。

二、春季大棚丰产栽培技术

根据塑料大棚的结构和小气候特点，要有相应的番茄栽培措施，才能达到优质防病丰产的目的。

1. 选用适宜春大棚的优良品种。参见第四章。

2. 培育早苗壮苗。自播种出苗到定植前，带大花蕾的成苗要以培养壮苗为目的。壮苗的标准是茎粗、节短、叶片厚大，茎下部略显紫色，5～7 片大叶，花蕾大而健壮，不畸形或较少畸形花，苗身硬朗，此时花芽已分化到第 3、第 4 穗，所以决定大棚番茄主要产量的基础在幼苗期就已形成，正如俗语所说的“壮苗五成收”。培育壮苗应掌握以下几点：

(1) 合适的苗龄。苗龄的长短依育苗条件、育苗设施及管理而定。播种日期则由各种栽培方式的定植期向前推，加上所需苗龄即可。春大棚多用温室育苗并且用塑料苗钵的越来越多。此种方式苗龄 40～60 天，如 3 月中、下旬定植，可在 2 月份播种。

(2) 精细播种。苗钵用上口直径 10 厘米，高 10 厘米的塑料苗钵。播前将配制好的营养土装入钵内6～7厘米，营养土的配合比例可用20%菜园土加40%马粪和40%混合有机肥。也可以用草炭和蛭石按4∶1混合后，每立方米加1.5～2千克三元复合肥。也可用草炭、蛭石、大粪干，按3∶1∶1混合，每立方米再加10千克鸡粪。春季育苗最好将苗钵摆放在下面铺有小麦等秸秆的地膜上，这样可提高地温，并阻止幼苗根系下扎到土壤中，以免造成大、小苗不整齐。播种前最好进行种子消毒和浸种催芽，种子消毒可用10%的磷酸三钠水溶液浸泡20分钟后，用清水充分洗净，直至种子和洗液不再有滑的感觉，这点一定要注意，如冲洗不干净将会影响种子发芽。用此法消毒可使种子表面不再带有病毒。也可用温汤浸种，即将干番茄种子倒入50℃左右的热水中迅速搅拌，直至水温降至35℃左右。番茄浸种时间4～6小时，将洗净的种子用纱布、毛巾包好放在温度为28～30℃条件下催芽，至芽刚露嘴萌动即将温度降至25℃左右，使芽长得健壮，在芽体与种子等长时即可播种。发芽过程中要每天用清水洗种子。播种前将苗钵充分灌水，水渗下去后，往苗钵里撒一薄层底土（称翻身土），然后将浸种催芽后的种子用镊子放在苗钵中央，每钵一粒，然后盖覆土，成土堆状，覆土最高处的厚度为2～3厘米。若覆土太薄，不利于种皮脱落易成“带帽”状，会影响子叶正常展开。如用干籽直播也可，每钵放2～3粒种子，以后再间苗、定苗。也可先将种子密播于苗盘，至2～3片真叶时再分苗。为保证全苗，每钵播一粒的情况下，最好再用苗盘播点预备苗，以防万一。无论用苗钵还是苗盘，播种后都要覆盖薄膜（可用地膜材料）保湿，以利出苗。注意盖膜时要与覆土表面留有空隙，使出苗后的幼芽不直接接触盖膜。

(3) 细致管理。幼芽一出土（至少60%以上出土）就要及时揭去覆盖薄膜，以避免幼芽接触薄膜，水滴浸在幼芽上。揭膜后要上一层薄土，这样有利种皮脱落，同时可盖严幼苗出土时造成的土缝。盖严土缝可促进幼芽生长健壮并防下胚轴过度伸长而徒长。当苗第1～2片真叶展开时，要查苗、补苗、间苗，当第3片真叶展开时，要定苗或分苗。补苗、分苗后要及时浇水。从播种到出苗需4～6天，此期间要提高温度，白天25～30℃，夜间18～20℃，高温有利种子尽快出土。出土后至出真叶，要适当降温，白天20～25℃，夜间15℃，以防下胚轴过度伸长。出真叶后，白天25℃左右，夜间10～15℃，若要分苗，则在分苗后，为促进缓苗，要适当提高温度5℃左右，缓苗后恢复正常。幼苗长至5～6片真叶时，叶子相互接触，要及时疏苗，将苗钵前后左右拉开距离，使苗距为15～20厘米，疏苗后应浇1次水，直至成苗。定植前7～10天要适当降温，以适应定植后大棚温度较低的环境。总之，育苗期间温、湿度管理要以幼苗稳健生长为原则，温度过高，幼苗徒长细弱，温度过低，易出畸形花，加长苗龄。苗期始终要注意防治白飞虱，且不要将虫卵及成虫在定植时带进大棚，以防后患。定植前一天要对幼苗浇1次水。

3. 择天定植。春季大棚的地要在年前地冻前进行深翻，定植前15～20天扣膜烤地，每亩施腐熟有机圈粪7 500千克，或鸡粪4 000～5 000千克，鸡粪含磷较多，有利番茄早熟丰产。在施基肥的同时，加施过磷酸钙每亩50千克，整地作畦后，在畦内或定植沟撒施复合肥每亩25千克，以促进缓苗和前期生长。

春大棚的畦式以南北向棚、东西向畦较好，大棚中间为浇水沟兼走道，两边做成1～1.3米的畦，每畦栽两行苗。早熟品种株距25厘米，每亩定植4 000～5 000株，中熟品种株距35～40厘米，每亩定植3 000～3 500株。

华北地区春季气候多变，选择定植时期和天气非常重要。当棚内地下10厘米温度稳定在10℃以上即可定植（约3月中、下旬），定植当天必须抓住寒流过后的晴天，以上午和中午为宜，以便定植后提高温度，促进缓苗。定植时，若有双层覆盖或在定植时插小拱棚、大棚扣小棚，其增温保湿效果会更好，可比单层膜提前10～15天定植。

4. 定植后的管理。

（1）温湿度管理。定植后5～7天至缓苗前要盖严棚膜，提高棚温和地温，促进缓苗。棚内气温白天维持在25～30℃，夜间维持在13℃以上。缓苗后视天气情况逐渐放风，逐步加大放风量，白天温度维持在20～25℃，并降低棚内湿度。在第1～2穗花开花期，要特别注意棚内湿度，以防灰霉病的发生。在结果期，随外界天气温度逐渐加高，更要加强放风，白天维持在25℃左右，棚内相对湿度保持在55%以下，结果中、后期可将大棚周边卷起，昼夜通风，以防高温、高湿危害。

（2）中耕培土及肥水管理。定植后要及时浇水，水量不可过大，以防降低地温。定植2～3天后浅中耕，至缓苗后再浇一次透水，并适时进行深细中耕，对苗垅培土，使土壤上干下湿，以利提高地温，促进根系下扎，使结果前期的营养生长变壮，植株茎粗、叶大，而又不徒长、落花，至第1穗果实长到2～3厘米前进行“蹲苗”。此期是番茄由营养生长为主转变为以生殖生长为主的过渡期，一定要使两者均衡进行，平稳转换。当第1穗果实长到2～3厘米时，浇蹲苗结束水，以后每隔7～10天浇1次水，保持地面见干见湿至经常湿润。结合蹲苗结束水，追施复合肥每亩7.5～10千克或尿素15千克，以后每隔15～20天即第2穗果和第3穗果长至2～3厘米时，再进行追肥，用复合肥或尿素，数量同上。

（3）植株调整。

1）插架绑蔓。在大棚内一般采用竹竿插成人字形架，每株一竿，顶端交叉处连上横竿，绑牢。将植株用塑料绳或马蔺捆在竹竿上，注意将花序调在竿外，不要捆得太紧，以防植株长粗后缢伤。在第1次捆蔓后，以后每隔3～4叶，捆蔓1次。如果留穗较多，也可在棚顶拉铅丝，每株用1根塑料绳吊蔓。

2）整枝打杈和摘心。一般无限生长类型用单秆整枝，除顶芽以外的侧枝全部清除。至于留几穗果摘心要看栽培方式和目的而定，可留1～5穗，一般春棚多留2～3穗打顶，打顶时一定要在预留的最上花序上面留2片叶摘心，以保证最上部果实的营养需要，也有利于遮阴，以防止果实日烧病。自封顶类型，则要保留第1穗下第1侧枝，每株共留3～5个小穗，将其余侧枝全部打去。上部侧枝也可留1～2叶摘心，以增加营养面积。注意第1次打杈不要过早，以促进地下部根系的发展和防止早衰。以后的侧枝要及时摘除。无限生长类型3穗以上植株后期要打底叶，以利通风透光。

3）保花保果与疏花疏果。在春棚内由于低温弱光，用生长刺激素沾花，以保花保果是一项必要措施。当花开放时，用15～20 ppm 2,4-D或用30 ppm番茄灵沾花，以保花保果。对每序花数多的品种也可在第1穗花开放40%左右时，一次沾花4～5朵，以保证每序坐果3～5个，其余的花不沾生长素不使坐果，起自然疏花作用。为促进果实个大、早熟、提高品质，对番茄要进行疏花疏果，一般每序留果3～5个为宜。在沾生长素时，注意不要喷到嫩花、嫩枝、嫩叶上，否则会出现嫩叶狭长、皱缩，会影响番茄的正常生长发育。温度低时生长素浓度可适当提高，温度高时生长素浓度可适当降低。番茄各品种对生长素的耐性也不相同，要根据情况灵活运用。要沾生长素就要在整株番茄各穗均用，不要只沾下部花序，不沾上部花序，这样才能保证各穗果实都能发育良好。要采种的番茄，应在花期进行人工振荡授粉。

5. 催熟和采收。春大棚番茄的重要目标是早熟，除选用适于早熟的大棚品种外，在果实白熟期用乙烯利800～1 000倍液涂抹，可提前5～7天上市。为提前上市，在黄熟期即可采收。

6. 病虫害防治。春大棚番茄除病毒病外，灰霉病、早疫病、叶霉病等均是重要病害。虫害主要有蚜虫、温室白飞虱和棉铃虫（及烟青虫）等，要注意栽培时防病、选用抗病品种，采用生物防治和药剂防治等综合防治措施才会获得较理想的效果。

三、秋季大棚栽培技术

秋季大棚栽培的环境条件和春季相反。从番茄生物学要求来看，春季较合适，春季温度是由低变高，光照是由弱变强，正符合番茄生长的规律，所以较易栽培和高产。秋季番茄苗期处于高温、强光的条件下，而到结果、成熟期反而处于低温、弱光的条件下，可以说是“反季节栽培”。正因如此，华北地区秋番茄曾难于种成。随着栽培技术的进步，近些年，华北地区秋番茄只要掌握以下要点就会栽培成功，且能丰产。

1. 选用中早熟抗病品种。以抗病毒病和叶霉病、中早熟、果大、高产且不易裂果的品种为宜，参见第四章。

2. 培育无病壮苗。秋棚番茄栽培始终要以防病为中心。播种过早易得病毒病，播种过晚则后期不能成熟。北京地区以6月下旬至7月初播种为宜。用苗钵直接播种是一种好办法。播种前备好四周通风的中棚或大棚，将培养土装进苗钵摆好备用。种子要用10%磷酸三钠浸泡20分钟，然后用清水充分洗净，以消除种子所带的毒。播前对苗钵要充分浇水，稍撒一层底土，每钵放2～3粒种子，然后盖覆土，并盖地膜保湿，注意膜与覆土要有空间，以防幼苗出土直接接触地膜而受害。出苗后及时揭去地膜。当小苗长到2片和4片真叶时，进行间苗和定苗。整个苗期对小苗不能直接阳光照射和露天着雨，高温天气可喷水降温。当苗长到25～30厘米、长出5～6片真叶时即可定植。

秋棚栽培也可田间直播，在大棚内做宽1米、高13厘米左右的小高畦，浇透水，按50厘米行距划2厘米深的播种沟，每隔27～34厘米点播2～3粒种子，种子要稍分散，以利选苗。播后覆土。

3. 小苗定植。定植前要整地施基肥，每亩4 000千克农家肥加30千克复合肥，做成1.3米小高垅畦或1米平畦。秋棚定植为防病且忌伤害幼苗根系，应以苗钵5～6片真叶的小苗定植为宜，北京地区7月下旬至8月初定植，苗龄25～30天。一般留2～3穗果打顶，株距27～34厘米，亩栽 3 500～4 000 株。小高垅畦要将苗定植在垅半坡处。

4. 以防病为中心的田间管理。定植时正值高温、干旱或多雨季节，对番茄生长不利，管理不当极易造成病毒病和疫病的发生。定植后要及时浇水，以后保持土壤湿润，极浅中耕，且不可伤根。采用轻蹲苗方式，浇小水，至第 1 穗果坐齐后可浇大水，并结合浇水追施复合肥或尿素 15～20 千克，第 2 穗果膨大期可视田间情况再追 1 次肥、水。9 月下旬后天气渐凉，浇水次数要减少，以防晚疫病、叶霉病发生和引起裂果。拉秧前 15～20 天停止灌水。

秋棚番茄留 2～3 穗果打顶，在最上果穗上部留 2 叶摘心，每序果都要用生长素沾花，一般用 2,4-D 10～20 ppm 或番茄灵 30～40 ppm，气温高时浓度要稍小。每穗、选留 3～5 果，将多余花果及早疏除。

秋棚番茄 9 月前要着重防病毒，9 月后要着重防叶霉病、晚疫病和棉铃虫及烟青虫，整个生长时期要防温室白飞虱，所以从苗期开始就要根据发生以上病虫规律每周喷药 1 次，如溴氰菊酯、天王星、瑞毒霉等轮换使用（病虫防治参照第七章）。

秋棚番茄从播种到定植均需在棚中，坐果前期主要是防雨、降温，将棚四周撩起，9 月下旬以后，当最低气温降至 10℃左右时，夜间要进行闭棚保温，棚内气温白天保持在 25～28℃，夜间不低于 15℃。9 月下旬至 10 月底是果实膨大、成熟期，既要注意保温催果，又要注意防风排湿，10 月下旬要注意防霜冻。在强寒流前拉秧。

5. 采收与储藏。秋棚番茄 9 月下旬开始成熟，除及时采收成熟期果上市外，在寒流来临之前要及时将未熟果全部采摘储藏，陆续上市。

储藏场所可选用加温温室，温室内地面要干燥平坦，储前将温室及地面用硫黄粉密闭熏蒸或兼用50%百菌清可湿性粉剂600倍液消毒。果实在采前5天也要用50%多菌灵可湿性粉剂喷果，整穗剪下，严格剔除病果，避免伤果。将果实平码3～4层，上盖草苫或蒲席，温度控制在10～15℃，空气相对湿度75%～85%为宜，每周翻动1次，选红熟果上市，剔除病烂果，可供应至元旦甚至春节。

四、塑料大棚一大茬栽培技术

华北中南部地区夏季高温多雨，不利于番茄开花结果，故一般露地以春番茄为主，留4～5穗果，7月下旬拉秧，而夏秋番茄也不容易长好。在塑料大棚中，一般也分春棚和秋棚两季。在较为高寒的地区虽然夏季结果较差，但还能越夏栽培。在这些地区，如用塑料大棚一大茬栽培，则夏季能防雨，春季可提前定植，秋季可延后采收，加长番茄生长期，获得很高的产量。如北京地区采用的番茄2次换头、3次结果栽培和山西太原、阳泉采用的主副行栽培、新法整枝的塑料大棚一大茬栽培都达到了亩产15 000～18 000千克以上的高产。

大棚一大茬栽培的管理原则，前半期基本与春棚相近，后半期则与秋棚相近，其最大的不同点在于定植和整枝方式。选用的品种必须是生长势强的无限生长类型品种，参见第四章。

北京大架番茄2次换头3次结果的技术要点是采用双层覆盖或临时加温大棚，比一般大棚提早1个月左右定植。做1～1.2米宽，15厘米高的高畦，并覆盖地膜，按行距40厘米，株距24～27厘米栽苗，亩栽4 000株。插2米高的直立架。主茎留 8～9 穗果打顶，4 月中、下旬至 7 月底采完。在 6 月中旬时将植株脱架，下落 1 米，打掉下部叶片盘条后重新绑架，并选留最上健壮侧枝换头，连续开花结果，至 9 月底采完。8 月下旬第 2 次换头，在新头上结第 3 次果，至 1 月上旬除少部分已上市果外，大部分已达绿熟期以上的果，必须在强寒流霜冻前采收，储藏成熟，陆续上市。每次落架换头后都要及时浇水追肥，以恢复生长势。

山西太原、阳泉一带则采用主副行定植，主行留预备枝，主枝及双秆结果的新方法进行一大茬栽培。整枝及栽培要点是：1 月下旬温室苗钵育苗，3 月底至 4 月初定植（若增加小拱棚，定植可提前 7～10 天），做畦面宽 60 厘米、高 10 厘米、沟宽 40 厘米的高畦，地膜覆盖，主副行定植。东西向畦，主行栽在北边；南北向畦，主行栽在西边。主行株距 24～26 厘米，亩栽 2 400～2 500 株，副行株距 33～40 厘米，亩栽 1 600～1 800 株，共 4 000～4 300 株，于晴天上午定植。主行架高 1.7～2 米，每株一竿，直立并加横竿固定，副行支架要倾斜固定在主行架的横竿上。主行留 3 穗果，副行留 2 穗果，并在预留最上果穗上部，留 2 片叶摘心。同时在主行第 2 至第 3 穗，副行第 2 穗果下选留一健壮侧芽做预备枝，预备枝长到 2～3 厘米时留 1 片叶摘心，反复进行，以抑制生长。至 6 月中旬，主副行果实采收近半时，停止摘心放开生长，主行最上侧枝留 3 穗果，下部侧枝留 2 穗果摘心，副行侧枝留 2 穗果摘心，这样主行每株坐果 7～8 穗，副行每株坐果 3～4 穗。产量高峰在 6—7 月和 9—10 月，和露地番茄上市期正好错开。此法不但比一般栽培产量提高 50%以上，还能调节番茄均衡上市，经济效益很高。此种方法要求肥、水充足，在上足底肥基础上，在蹲苗开始和结束、结果盛期、再生侧枝放开生长期、后期结果盛期都要追肥浇水，每次用硝铵或尿素20～25千克或冲施人粪尿1 000千克。还可用磷酸二氢钾35克，尿素25克，兑水14千克进行叶面喷肥4次，以促进后期果实膨大。此法密度较大，在主行第2穗果采收后要开始打老叶，并随果实采摘而多打几片，也可适当剪叶1/3，以利于通风透光。生长素沾花和病虫害防治都要及时进行，始终保持大棚内的番茄健壮生长，这样才能获得新法整枝一大茬番茄栽培的成功。

§5—4　大型加温温室番茄栽培技术

随着科学技术和生产的发展，面积达公顷（1公顷＝10 000平方米）以上的现代化大型玻璃温室在荷兰、美国、日本等国家逐步兴起。我国从20世纪70年代起，就开始在北京玉渊潭、四季青建造和使用大型温室，1985年，中国农业科学院蔬菜花卉研究所从罗马尼亚引进3公顷的大温室，经过多年的运行，已总结出一套适合我国国情的较完善的番茄、黄瓜等高产栽培方法。

1. 选用适于保护地的优良品种。参见第四章。

2. 培育无病虫壮苗。采用营养钵直接播种育苗，营养土配方为草炭和蛭石，按4∶1混合后，每立方米加2千克三元复合肥（氮、磷、钾肥之比为1∶1∶1）。春季栽培在上年12月中、下旬播种。春季苗钵要放在下面铺有稻草、秸秆的地膜上，以提高地温，防止主根透过苗钵扎入土中造成大、小苗和移栽时伤根。经浸种催芽的种子播于浇透水的苗钵中，每钵1～2粒。播后盖膜保湿，进行五段控温管理，见表 5—3。

表 5—3　大型温室栽培番茄五段温度控制表

时间	最适温度（℃）	温度低限（℃）
8：00—10：00	20～23	18
10：00—13：30	27～30	23～28
13：30—17：00	25～27	23～28
17：00—24：00	18～20	16～23
0：00—8：00	16～18	16～18

一般播后 5 天出苗，出苗后比上述温度降低 2～3℃，以防徒长，直至真叶展开，经 20 天之后白天温度控制在 20～25℃，夜间控制在 11～13℃。两片真叶展开和定植前 5 天，各喷 0.2%～0.3%和 0.5%磷酸二氢钾，根外追肥，以促进叶深苗壮。苗长到 4～5 片真叶时，将苗钵疏开，加大苗期营养面积并补水 1 次。苗期要喷天王星乳油防治白飞虱，定植前喷百菌清 1 500 倍液防病。夏秋育苗在 7 月 2 日左右播种，正值高温天气，要以防病毒病为中心进行育苗。苗钵仍要摆在地膜上，但不要秸秆。育苗温室的玻璃，夏季要喷白遮光或盖遮阳网来降温。空气相对湿度应保持在 65%以上，为此晴天 10 时、12 时、14 时要用喷灌喷水 2～3 秒，以防高温干燥引起病毒病的发生。

3. 丰产栽培技术。

（1）精细整地、施足底肥。整地前要彻底清理田园并全面喷施前茬重要病虫害的防治药剂，以清洁环境。耕地前每亩铺施 8～10 立方米腐熟牛粪加 20 千克三元复合肥，深耕 25～35 厘米，与肥料混匀。秋茬前要在 7 月份外界温度最高时用溴甲烷进行密闭式土壤消毒，对防治线虫等土传病害非常重要。做畦面高 20～25 厘米、宽 100 厘米、间宽 60 厘米的高畦，在高畦面上开 10 厘米深的定植沟，定植株距 43～50 厘米，亩栽 1 600～2 000 株。定植时微露土坨，以提高地温和防止定植浇水过大而染病。

（2）定植后的管理。

1）浇水施肥。定植后要及时浇定植水，一周后浇缓苗水，然后适时中耕保墒，开始蹲苗。蹲苗时间长短因品种而异，根据各品种缓苗后至第 1 穗果径为 2～3 厘米的时期而定，如中熟的卡罗索，春季为 35～40 天，秋季为 25 天左右，而中早熟的中杂 8 号则可短些。“蹲苗结束水”要浇足并在浇水前撒施每亩 15～20 千克的三元复合肥，以后再浇清水，如此肥水、清水相间，施肥种类也可用膨化鸡粪代替 1～2 次化肥，保持地皮不干，直至拉秧前 20 天停止浇水施肥，特别是留果穗数量多时，后期不能缺少肥水，以防出现空洞果。

2）吊蔓整枝。大型温室要用塑料绳吊蔓，在温室上部按行距拉铅丝，每株一绳，拴在植株底部，随植株生长而将茎绕在吊绳上。吊蔓比插架成本低，以绕代绑操作简便，遮阴少，有利通风透光，而且高度高，可满足留多穗果及长期栽培的需要，此外，吊蔓用的塑料绳也不带菌，优点很多，可在保护地推广应用。大型温室栽培一般用生长势强的无限生长型品种，进行单秆整枝，第 1 次打杈可以稍晚，或将第 1 穗花下的第 1 侧枝先行打去，其余侧枝后打，这样既不影响第 1 穗花生育，又有利植株前期根系的生长。第 1 次打杈后，要及时打后面的杈，在预留花序上留两片叶摘心，春茬一般留 5～7 穗，秋茬留 4～5 穗。第 1 穗果成熟前要打 1～2 次底叶，以利通风透光。以后打叶可随成熟果上移。

3）保花保果和疏花疏果。在大型温室中栽培番茄一定要用生长素沾花，以保花保果，一般用 2,4-D 12～14 ppm 或番茄灵、防落素 30～40 ppm，温度高时浓度可适当降低，温度低或阴天，浓度可稍高。使用时要在开花时喷，不要喷在枝叶上，以免受害。如需采种可用人工振荡授粉。坐果后每穗留 3～5 个好果，要及时将多余的花果疏除。

大型温室的温度可由热源供应处调节，湿度主要通过放风调节。放风量大小和时间长短要根据当时天气、季节等而定，但要由小到大逐步进行。不管晴天还是阴天，都要放风，在浇水后更要注意放风，晴天中午可大放风，以及时降低空气湿度，防止病害发生。

4. 病虫害防治。大型温室由于设备较好，温湿度、水肥条件等较易人为控制，较少受露天风雨的影响，对病害发生的条件只要控制得当，用良好的栽培措施就可防病，即使不用农药也能获得优质高产，为“无公害产品”“绿色食品”创造了可行条件。但如果管理不当，特别是常年连作，也会因病虫害而严重减产。

大型温室中常见的病虫害有病毒病、叶霉病、晚疫病、根瘤线虫、温室白飞虱、烟粉虱和棉铃虫等。为防病毒病、叶霉病、根瘤线虫，要选用抗病（虫）品种。在夏季高温期用溴甲烷对土壤进行密闭消毒可防治根瘤线虫。为防晚疫病，要注意 10 月初降温时空气相对湿度不能较长时间超过 75%，在 9 月 20 日前后，浇水应适当大些，为保证果实生长发育，10 月初应少浇或不浇水，下午要及时关窗保温，第二天早晨要及时开窗散湿，要及时打底叶，一旦发现中心病叶要立即清除，必要时结合用瑞毒霉或克露等药剂防治。对温室白飞虱主要是培育无虫苗并及时释放丽蚜小蜂来进行生物防治。对棉铃虫要加强检查预报，将幼虫消灭在三龄以前，不让幼虫钻入果内造成危害。

§5—5 简易覆盖及地膜番茄栽培技术

简易覆盖多用于早熟栽培，包括地膜覆盖和中、小拱棚短期覆盖等方式。若在地膜覆盖的基础上再加中、小拱棚，就能提高地温、保水保肥、疏松土壤、防止杂草，此外，还能加强保温、稳定栽培环境、防风、防霜。定植时采用高畦沟栽，追肥、灌水都可在沟内进行，还便于培土护根，操作方便，省工省力。定植期比露地可提早 20 天以上，成熟期比单用地膜早 7～10 天，前期产量增加 60%，总产量增加 20%，产值也大幅度增加。此种早熟栽培方式成本也较低，效果很好，可大面积推广。其栽培技术要点是：

一、选用适于早熟栽培的品种

参见第四章第二节的相关早熟品种。

二、高畦沟栽

在施足基肥，整平土地的基础上，做宽 60～70 厘米，高 15～20 厘米的高畦，在高畦两边开 15～20 厘米宽、20 厘米深的沟，将苗栽于沟内，若苗过高也可斜栽，栽后浇水，按品种定栽植密度，早熟种 4 400 余株，中早熟种 4 000 株，中熟种 3 500 株左右。栽后盖严地膜，并插小拱棚盖薄膜。至缓苗后按株将地膜打洞、取出秧苗，使苗在小拱棚内连续生长。

三、田间管理

1. 插架。可采用一株一竿，四竿捆一架头的四角形架或直立插架绑横竿成直行架，插架可在撤棚后进行。

2. 整枝。早熟自封顶品种可采用将第1花序下留侧枝，每株坐果4～5个小穗。也可单秆整枝留2～3穗果摘心。及时整枝打杈、绑蔓。

3. 保花保果。地膜小棚早熟栽番茄必须用生长素沾花以保花保果。一般用2,4-D 15～20 ppm或番茄灵20～30 ppm。沾花要在开花期进行，切不可将生长素喷在嫩蕊和嫩枝叶上，以防受害。为确保果实质量，每穗可选留3～5果，将其余的花、蕾及时疏除。

4. 肥水管理。在整地前要施足底肥，西北地区常用的肥料种类和数量是：西安秋季深耕前铺施腐熟厩肥5 000～7 500千克，过磷酸钙50千克，同时泼施人粪尿5 000～7 500千克；兰州则铺施灰土粪5 000～7 500千克，油渣300～400千克，过磷酸钙20千克；银川则用腐熟圈粪或土粪7 500千克，油渣150千克或二铵20千克；西宁用农家肥4 000～5 000千克，油渣100千克，二铵15千克或重过磷酸钙（三料磷肥）20千克，氯化钾20千克；乌鲁木齐则一般每亩用圈粪5 000千克，二铵25千克。

定植后要及时灌水，因有地膜覆盖蒸发量小，故一般至第1穗果实长至2～3厘米时再行灌水，前期灌水不宜过多，以防止降低地温，控制植株徒长，防止落花落果。结合这次灌水施尿素10千克或碳胺25千克。定植水和此次蹲苗结束水若施以粪稀水则效果更好。以后进入盛果期，天气也渐暖，小拱也已拆除，则需勤灌水，保持土面基本湿润。每隔一次浇水，需同时追肥，追肥种类除化肥外，也可用粪稀水。若植株叶色较浅有脱肥现象，还可进行根外追肥，一般是喷施0.1%的磷酸二氢钾或加0.2%的尿素，隔3～5天连喷2次，植株叶色则明显转绿。

5. 温湿度管理。定植到缓苗期要盖严棚膜，不进行通风，以确保提高地温、气温，促进缓苗。缓苗后白天要及时通风降温，棚温保持在25℃左右。开花坐果期，白天棚温应保持在25～30℃，夜间棚温应保持在15℃，至果实成熟期则温度还可提高1～2℃，以促进果实早熟。通风应由小到大，严禁突然大风，造成冻害，阴雨天要盖好薄膜防雨，阴天也要放小风，以免湿度过大。午后当气温降到15℃时盖膜，盖膜太早，夜温过高，增加呼吸消耗，不利果实生长，白天棚内25℃时开始放风。大风天气要压紧棚膜，以防揭棚。外界气温稳定在15℃以上时，可将小棚膜彻底拆除。

四、及时采收

地膜加小棚覆盖，果实转色快，成熟早，还可用乙烯利处理，促进成熟。为提早上市，应在果实始熟期果顶部刚变色即可采收，可比露地提早20～25天上市，一般亩产可达4 500～5 000千克，经济效益较高。

§5—6 露地番茄栽培技术

一、华北地区春露地番茄栽培技术

华北地区露地番茄栽培面积很大，北京、天津、河北南部等温暖地区，也可包括山东、河南一部分地区特别是一些城市远郊多行春露地栽培；而华北北部较寒冷地区则多行春露地一年一大茬栽培，但露地定植期均须在各地终霜日之后，提前育苗的时间依地区及设施条件而异。北京地区用阳畦播种一般在2月中旬，苗龄60～75天。也可用温床、改良阳畦、日光温室等育苗，苗龄要适当缩短。其丰产栽培要点是：

1. 选用优良品种。参见第四章。

2. 培育壮苗。以阳畦育苗为例。阳畦育苗要点是：

（1）翻晒床土，精细施肥。阳畦做成后，将床土翻20～25厘米，堆到上口晒土，播前20天，分多次放平，晒土提高地温。每13.5米×1.7米的阳畦施优质马粪混合肥200千克或75千克马粪加25千克羊粪、加1.5千克复合肥，翻刨划平掺匀后盖玻璃或塑料薄膜烤畦，提高地温，准备播种。

（2）种子处理。种子用10%磷酸三钠浸泡2分钟后，用清水充分洗净，直至水和种子不发滑为止，可对 $T_{O}MV$ 等病毒消毒。消毒后用温水浸种8小时，出水后放在25℃下催芽，每日温水洗一下，将种子翻动位置，2～3天出芽，即可播种。如遇恶劣天气，将种子放在温度为10℃左右的冷凉处，以防芽过长。

（3）播种。播前灌足底水，水深为6～8厘米，水渗之后上底土（土要过筛），撒匀种子，每个阳畦（13.5米×1.7米）播125～150克种子，每亩用种量15～50克。播后覆土0.5厘米，播后盖严玻璃，用报纸糊严玻璃窗框缝，或严封薄膜。双席保温。

（4）分期覆土，及时间苗、分苗。芽刚出土和出齐后各上土一次，作用是盖严由于出芽造成的土缝和促使种皮脱落及防幼苗徒长。当幼苗长到2～3片真叶和1心时，选无风晴天分苗。分苗时最好带小土坨，株行距8～10厘米见方，要清除杂株，将大苗分在下口，小苗分在上口，使苗长匀，每畦可分苗2 500～3 000株，不要过密，以防徒长。分苗后浇小水，盖严玻璃或薄膜，以提高床温，促使缓苗。一般5～7天后浇缓苗水，以后中耕上土。缓苗的标准是大叶见绿，心叶见长，新根喷出，早晨有吐水现象。缓苗后逐步放风锻炼。

（5）幼苗的温度和水分管理。播种到出土以保温增温为主，封严玻璃或薄膜，蒲席要晚拉早盖，尽量提高床温。白天温度保持在25～30℃，夜间保持在15～16℃以上，最低不低于10℃，6～8天即可出苗。出苗后到分苗，逐步通风锻炼，降低畦温，防止徒长，在幼苗出土到出真叶前，下胚轴极易徒长伸长，要切实注意，白天温度保持在20～25℃，出齐苗和出真叶前各上土一次。

分苗到缓苗以增温保湿促进缓苗为主，严盖玻璃或薄膜直至缓苗，5～7天后浇缓苗水。蒲席晚拉早盖，缓苗后到定植前需7～10天，缓苗后中耕1～2次，结合上土更好，逐步放风锻炼，后期撤掉部分玻璃，蒲席早拉晚盖，定植前7～10天为大锻炼时期，可撤掉玻璃或薄膜，蒲席可搭窝棚，盖半席到备席不盖，以防万一，直至拆风障和露地条件基本相同，但要特别注意寒流，防冻。

（6）起苗和囤苗。起苗和囤苗在定植前3～5天进行，番茄壮苗的标准是节短、茎粗、略显紫色，有8～9片大而绿的叶片，带大花蕾。浇起苗水（最好粪稀水）后第2天起苗。起苗时要高椿四方（坨长宽各8厘米，高10厘米）、苗在中央、下铲利落、轻拿轻放。囤苗的做法是起苗时分开大小苗，密摆在原来畦中，周围围以湿土，2～3天后，坨周围许多白根刚露出坨外，即可定植。囤苗能促使伤根愈合，发生侧根不定根，防止散挖，定植后见水很快发根，不用大缓苗。番茄育苗整个苗龄以65～75天左右较好，要有充分的锻炼时间。

其他育苗方法很多，如温室养苗、日光温室或阳畦分苗法、塑料大棚内阳畦养苗、塑料苗钵分苗法、酿热温床或电热温床养苗、阳畦分苗法等，可因地制宜选用。

3. 选好茬口，适当深耕，增施有机底肥。定植田应选在隔离条件好，不与番茄连作重茬，最好与茄子、辣椒、土豆等茄科作物也不重茬，远离番茄病区的地段。地块要选用春白地，冬前深耕25～30厘米，经过一冬风化、融雪，对地力恢复很有利。番茄虽然根深，但深耕对番茄根群发育更有好处。有机肥料减少和种重茬番茄与茄科作物连作是许多地区产量下降，病害加重的原因。重施底肥，增施磷、钾肥，是保证番茄丰产和种子饱满的基础措施。一般较好的菜田有机质含量若从4.5%以上下降到2.5%则会使番茄营养不良，抗逆性差，容易感病。多施有机肥不仅能提高土壤中腐殖质含量，稳定生物相，还有利于各种微生物生长相互制约处于动态平衡，哪一种都不会突出，若地力差则易使某些有害微生物特别发展起来，造成植物病害。一亩地15厘米深的土壤质量约100 000千克，若含腐殖质2%就是2 000千克，而2 000千克腐殖质要施20 000千克堆肥才能转换得来。腐殖质本身的消耗约每年0.2%，合2 000千克堆肥，要从2.5%升到4.5%就要每亩施有机肥15 000千克，此要求较难实现，而每亩施5 000千克的有机肥在3～5年达到改善地力是可行的。腐熟的混合堆肥可结合定植前整地施入，羊粪、鸡粪等都是高效有机肥，定植前开沟每亩集中施入麻渣或豆饼100千克，复合肥40～50千克则更好。

4. 适时定植，合理密植。一般露地春番茄在终霜后及早定植可促进早熟，减轻病害，有利高产。在开花坐果不利条件下，可用生长素处理，以促进坐果。但以生产种子为目的的，可比一般丰产栽培的稍晚定植，以免受个别年份晚霜过晚的危害，同时开花期也可调到当地气温稳定在15℃以上的月份，北京地区以4月底较宜。为了防风寒，定植前应在田间7～15米夹一道风障，整个定植区西边、南边也夹风障则更好。

定植密度要根据品种、栽培方式、整枝方式的不同而不同。一般早熟自封顶型的品种畦宽可为1米，每畦栽2行，株距25～30厘米，亩栽5 000株左右；中晚熟无限生长型品种畦宽可为1～1.2米，每畦栽2行，株距30～40厘米，亩栽3 500～4 000株。定植时要成宽窄行，在畦内，两行间距离要适当小些，以利作业。

5. 精心蹲苗，细致整枝，调节好秧果关系。番茄定植缓苗后（第1穗开花）到第1穗果长到核桃大小时期，是秧果生长盛期以秧为主的时期。只有根深秧壮不徒长、不疯秧，前期的花序健壮、花大整齐，才能为制种和丰产打下基础。浇缓苗水后开始蹲苗，在措施上要多锄少浇，深细中耕，最好中耕2次，第1次粗浅中耕（若沟栽则同时封沟），第2次深细中耕，行间要中耕深达6～10厘米，将耕土打细，手伸到地里要感觉松软，因早春地温较低，深细中耕后，上干下湿，即保墒通气，有利提高地温，促进根系向深、向广扩展。只有强大的根系才能在较大的范围内，吸收水分、养分，增强抗旱、抗涝能力，地上部才能稳健生长，茎粗、叶厚、叶大、花序健壮、开花正常、不易落花。用蹲苗措施调节营养生长和生殖生长关系，要注意早熟品种不可蹲苗过狠，要使营养生长有较充分的发展。否则，将来叶量小、果过多、过早卷叶、老叶，引起早衰。也可连续小蹲苗，蹲苗中期浇一次小水，再锄再蹲，中晚熟品种蹲苗要适当狠些，以防止徒长疯秧。蹲苗只有在肥料充足的条件下效果才好，肥料不足，苗黄且瘦，越蹲越缩，成老小苗，对发棵和丰产都不利。蹲苗结束的标准是秧势壮，茎粗节短，叶片厚大，叶色深绿，第1穗果长到核桃大，第2穗果长到红果大，第3穗也有开花坐果的。晴天中午顶叶有萎蔫，但下午4～5时还能挺直，早上心叶也绿仍还见长，但已无吐水现象，顶部较紧凑，就可以结束蹲苗。这时果实细胞已大部分化，养分输送也逐渐从营养生长转到果实上，也有了一定的叶面积，根系也变得强大，此时浇蹲苗水，并隔3～5天再浇一水，以防地裂将根系拉断。浇水后，果实已分化好的众多细胞吸水长大，整个果实迅速膨大，把营养集中到果实上。这样，水肥再大，一般也不会再疯秧，就能保证高产。蹲苗结束水最好是粪稀水，或在蹲苗结束前穴施或沟施1次粪尿、粪干或化肥更好，用尿素可根据苗情每亩追施10～15千克，蹲苗过狠等于人为制造干旱，不但使下部叶片因缺水黄化，引起落花（所谓旱崩花）或影响果实生长，而且久旱开水还易造成脐腐病。开水过早，第1穗果未坐住就大量浇水，会使苗徒长或僵苗，同样会落花，不利增产。若杂交制种，则不用2，4-D等生长素保果。如条件合适，足量授粉，坐果率是相当高的。

整枝打杈是调节秧果关系、栽培时期、提高产品品质和种子产量的重要措施，包括整枝打杈、疏花、打顶（摘心）、摘除花前枝（花序还童现象）、除底叶、绑蔓等一系列直接作用于植株上的外科措施。番茄植株是一个有机整体，叶子的生理作用有所分工，不但一片叶光合作用有最盛时期（叶刚完全展开不久的壮龄叶），不同叶位也有所分工，一般在苗期第 1 花序以下的叶片制造养分，供根系生长，这时整个植株还小，从叶腋发出的侧枝和根系发展相关，因为下部叶片又是发展上部叶片的物质基础，苗期当子叶展开时去掉子叶，会使整个生育期花芽分化推迟 10 天。因为下部叶片是发展上部叶片的物质基础，所以保护好每个叶片很重要。外部的植株调整对内部生理作用有显著影响。

自封顶类型品种一般为双秆整枝，第 1 穗花下留 1 侧枝，然后将其余侧枝打去，所留两个侧枝上可再各成两枝或任其自行封顶，形成二股四杈七穗果，因侧枝多可在小人字形架或四角架上再绑横竿，以便将侧枝能匀绑在横竿上。无限生长类型品种一般为单秆整枝，除主茎外将所有侧枝打去，留 3～5 穗或更多打顶。制种因为增加结果数也可双秆整枝，将第 1 花序下的侧芽留成主干。支架一般为四角架。任何一种整枝方式在第 1 次打杈时都不要过早，因地上部发枝和地下部根系生长有一定相关。定植后为促进缓苗发根可稍晚打杈，但也不宜过晚，否则影响坐果。第 1 次打杈以后，还应将废杈及时打去。当预留花序数长出后（未开花前）就应及时摘心打顶，摘心时在预留花序的上面留 2 片叶处摘心，以保证最上层果的营养面积和防日烧病，因氮肥过多或品种原因花序上会生枝条，叫花前枝。在打杈时将花前枝果前部分及早打去，以免影响正常坐果。下部已黄的老叶对植株已无作用，要及时清除，特别是生长后期，还可增加通风透光。绑蔓不可过紧，以防勒坏茎蔓。花序要调到架竿外侧，不要将花序绑在竿间，以免挤成畸形果等。

6. 合理施肥，合理灌水。番茄多层结果，分次采收，产量高，需水、需肥较多，保证充足的水、肥，对增加果实产量、防病等都非常重要。

除施足底肥外，定植时用粪水稳苗（或定植后浇粪稀水），过 5～7 天浇缓苗水后，进入中耕蹲苗期，蹲苗结束前可追施催果肥，每亩用尿素 10～15 千克。蹲苗结束水以粪稀水最好，过 3～5 天再浇一水，以防止地干裂拉断根系。进入果秧生长盛期以果为主时期，每穗果长到核桃大时，追施 1 次粪稀水或化肥，视天气情况，每隔 5～7 天浇水 1 次，以保持地皮不干。5 穗果以上的大架到第 3 穗果长到核桃大时再加过磷酸钙、氯化钾或草木灰等速效磷钾肥，以促使上部果实膨大，籽粒饱满，果实不空。雨季要注意排水，热暴雨后要及时换浇清水。番茄根外追肥也有一定效果，根据苗情、秧情可喷氮肥尿素或过磷酸钙浸出液 0.5%～1%，磷酸二氢钾 0.1%～0.3%或微量元素 0.5%硼砂，0.02%钼酸铵等。根外追肥根据种类有的可与农药同时进行。

7. 以防为主，综合防治病虫害。番茄病害很多，并有加重趋势，如不及时防治，轻则减产，重则全田无收，必须采取综合防治措施，才能收到好的效果。近年来危害最大的是病毒病、晚疫病、青枯病（南部地区）、早疫病和斑枯病等，虫害主要有棉铃虫、蚜虫、黄茶螨、美洲斑潜蝇等。

综合防病包括选用抗病品种、栽培防病（肥水合理，植株健壮，增强机体抗性）、减少毒源菌源（轮作换茬，注意邻作，清理田园，将病株残体高温堆肥消灭菌源等）、加强病虫预测预报、及时进行化学或生物药剂防治等（具体防治方法参见第七章）。

二、西北地区露地番茄栽培技术

西北地区露地番茄栽培有三种类型，即春茬番茄、夏番茄和春到秋一年一大茬栽培。

1. 品种选择。春露地栽培宜选用早熟和中早熟、中熟品种。夏番茄也叫晚夏番茄，宜选用无限生长型、生长势强、抗病耐热的中熟或晚熟品种。露地春到秋一年一大茬栽培宜选用无限生长型、生长势强、抗病、丰产、连续坐果能力强的中熟或晚熟品种。西北地区罐藏加工番茄也多是春到秋一年一大茬栽培，可选用抗病、加工性状优良、丰产的品种。参见第四章。

2. 栽培季节。春露地栽培一般在气候较为温暖、番茄不易越夏的地区，栽培季节在无霜期范围内尽量提早，以利早熟、防病、丰产。用阳畦育苗的方式，西安在1月下旬至2月中旬播种，4月中、下旬定植，6月中旬至7月收获。安康、汉中在12月中、下旬至翌年1月上旬播种。关中、商洛在1月中、下旬播种。延安、绥德在2月上、中旬播种。榆林在2月中、下旬播种。兰州在2月中旬至3月中旬播种，5月上、中旬定植，7月上旬至8月上旬收获。乌鲁木齐在2月下旬至3月下旬播种，5月中旬定植，7月中旬至8月中旬收获。露地一年一大茬栽培，一般在气候较冷凉高寒、番茄能越夏的地区种植，播种和定植时间一般要比春茬栽培晚10～15天，收获期则直到当地初霜期。露地晚夏栽培一般在远离城市近郊，甚至在粮作区种植。这些地区栽培管理水平一般较低，但因种植番茄历史短，病害轻，也能获得高产。能起到补淡上市的调剂作用，应有计划地重点发展。西安地区一般4月上、中旬播种。播种过晚病害重，不易成功。

3. 培育壮苗。春露地和春到秋一大茬番茄多用阳畦（冷床）育苗或温室播种，用阳畦、改良阳畦、有后墙后窗的大型日光温室等方式分苗。分苗方法可用阳畦床土直接分苗或用营养土方、纸钵、泥钵、塑料膜钵等。露地晚夏栽培播种方法与上述相同。但因在4月上、中旬，不必要到温室播种。若在接近终霜期前10天播种，可在露地直播或简易覆盖即可。露地晚夏栽培也可用扦插育苗，即在4月下旬至5月上旬，选取抗病番茄品种上的侧芽（17～20厘米长，5～6片叶），剪去下部叶片，上部留3～4片较小的叶片，泡在清水中3～4小时，使其复鲜（若立即打杈立即扦插可不用泡水），待傍晚时插于灌足水的床苗中，深5厘米左右，也可先栽枝杈立即灌足水。扦插后要保温保湿，搭花荫棚，防止阳光直晒，隔1～2天连灌两次小水，7天拆棚，2天左右即成发根良好的新苗，便可定植。春露地和一大茬栽培的育苗具体方法和管理与华北地区相同。苗长到6～7片真叶，带大花蕾，茎粗节短，茎下部略带紫色，叶厚大而较硬，并且经过低温锻炼苗，在定植后较易经受早春露地的低温大风等考验，为丰产打下良好基础。

4. 细致整地。选择2～3年内未种过茄科作物，如未种过番茄、茄子、辣椒等的地块种植番茄，可减轻病害，有利生长。番茄地前茬以葱蒜类、芹菜、白菜等为好。

冬前深翻地，冻前浇水，开春后再浅耕细耙。结合翻地铺施基肥，每亩施农家肥 5 000～7 500 千克、过磷酸钙 50 千克、草木灰 100 千克或硫酸钾 15 千克。西安地区作畦后，在畦面撒施或定植沟施碎油渣每亩 150 千克，能起到提高地温的作用。

5. 合理密植。春露地和春到秋一大茬栽培番茄，定植期以在当地终霜期后及早定植为好，早定植的番茄病害特别是病毒病较轻，延长了生长期，也有利于早熟丰产。如安康、汉中在 3 月下旬至 4 月上旬定植，关中、商洛在 4 月中、下旬定植，延安、绥德在 4 月下旬至 5 月上旬定植，榆林地区在 5 月上旬定植。晚夏番茄则在 5 月中、下旬定植。

定植的畦式可用平畦或垅栽。定植密度则根据品种、栽培方式等而定，一般自封顶型早熟品种行距为 33～40 厘米，株距为 30～33 厘米，每亩栽苗 5 000～5 500 株；无限生长型单秆整枝，行距为 60～70 厘米，株距为 30～33 厘米，每亩栽苗 3 000～3 600 株为宜，肥力好，条斑病毒病重的地块可适当密些。晚夏番茄则要求垅栽，打南北向的垅，垅宽 80 厘米，沟宽 53 厘米，在沟两边按株距 26 厘米挖穴栽苗，并选阴天或晴天傍晚定植，每亩栽苗 3 500～4 000 株。

6. 精细田间管理。

（1）定植到结果初期。定植到结果初期，番茄营养生长和生殖生长同时进行，是由以营养生长为主转变为以生殖生长为主的过渡期。此期管理目标是调节秧果关系，在营养生长上要达到健全强大的吸收根系和促壮的茎叶植株，从第1花序起就花多花大，正常开花坐果。为达此目标，栽培上要根据天气和不同品种等因素合理“蹲苗”，定植后及时浇水，浅粗中耕后浇足缓苗水（最好用粪稀水），再进行深细中耕，以保水、提高地温和促使根系向深、向宽发展，直至第1穗果长到2～3厘米时结束蹲苗。在此期要及时插架、绑蔓、整枝打杈，并从第1穗花开花时就用2,4-D 15～20 ppm或番茄灵25～50 ppm沾花，以保花保果。

（2）结果中期。当第1穗果长到2～3厘米时要及时浇水追肥，以促进果实膨大和成熟。春露地番茄一般留3～5穗果摘心，每穗果2～3厘米时追肥1次，可用尿素10～15千克或人粪尿，随浇水隔次施用。

（3）越夏期。春露地番茄一般7月中、下旬即可拉秧，而春到秋一大茬栽培和夏番茄则在连续生长，7—8月正是雨季，并有高温，对番茄生长和开花坐果不利。此期要注意及时排水，旱浇涝排，每序花都沾生长素，及时整枝打杈，打底叶，施肥可停用人粪尿，施化肥要次多量少，并及时打药防治病虫害。

（4）结果盛期。7—8月过后，天气渐凉，又是一个开花坐果高潮，在进入此期前要彻底清理田园，清除杂草、病叶，及时打杈整枝，并加强追肥，以防肥力不足、上部出现空洞果。此时要注意防晚疫病和棉铃虫等主要病虫害。在当地终霜期前30～40天可摘心，以使拉秧前上部果实能多数成熟，少量果还可用乙烯利催熟，陆续上市，以延长番茄供应期。

第六章

正在发展利用的番茄高新栽培技术

番茄的栽培技术多种多样，如工厂化育苗、无土栽培、樱桃番茄优质高产栽培、番茄嫁接栽培技术及美化家居庭院的盆栽、筐装番茄栽培技术等，各地可根据不同的情况加以选用。

§6—1 番茄工厂化育苗技术

工厂化穴盘育苗是采用穴盘，以草炭、蛭石等轻基质材料做育苗基质，用机械化精量播种，一次成苗的现代化育苗体系。与常规育苗相比具有许多优点，如机械化生产，省工省力效率高，苗龄缩短10～20天，提高劳动效率5～7倍，苗坨重量只有土坨的1/10，节省能源和场地（由于干种子直播，一穴一粒，集中叠层育苗，每亩可育苗21万～84万株，育苗温室空间可节省80%，节省能源2/3），降低育苗成本30%～50%，便于规范化管理，育成合格商品苗，推广优良品种，新菜区也能用上好苗，苗成根坨状态，定植后无缓苗期，适于机械化移栽，可远途运输等。我国20世纪80年代中期引进此项技术，现已成为“三高”农业（高投入、高产出、高效益）体系的重要选项。

一、建立育苗工厂

根据当地自然条件、市场需求、供苗种类等确定建厂规模。总体规划包括土建工程、加温温室、日光温室、塑料大棚、催芽室、库房、办公室等；育苗配套设施含精量播种机、穴盘、移动式育苗床架、水肥供给系统等；供暖系统含水暖锅炉、供暖外管线与暖气片；动力系统含双路供电、育苗盘清洗设备、营养液罐、拖车、叉车、运苗车、移栽机等。

二、育苗场地

主要有加温温室、高效节能日光温室和塑料大棚。可分为催芽室、绿化室和分苗棚室。

1. 催芽室。催芽室是促进种子萌发出土的地方。种子浸种后催芽或苗盘播种后至60%幼苗拱土前需在催芽室进行。催芽室既可单独建造也可在加温温室、节能型日光温室内打隔断并加上加温设备建造。催芽室要具有优良的增温、保温、保湿性能，在不影响育苗任务的情况下，体积以“小”为原则。面积大小要与育苗规模相等，使同一批苗同时一次进入为好，并且距离绿化室不要太远，以便在严冬季节安全迅速转移。育苗量不大时，可在节能型日光温室内用薄膜间隔，特别加热而成。大型育苗厂，年产商品苗1 000万株，可配30平方米催芽室，加上暖气或电热、风扇等，能自控温湿度更好。若种植面积为100～150亩，催芽室内净体积应为4～6立方米。催芽室夜间最低温度不能低于12℃，应保持夜温18～20℃，白天温度应保持30～35℃。在北京地区建造催芽室用的节能型日光温室，要用双层夹心墙，外墙厚24厘米，内墙厚37厘米，空心20厘米，两面各一层滑秸泥，中间可夹聚苯板、蛭石、珍珠岩等，东西山墙与后墙相同，屋顶内部贴聚苯保温板，地基和防寒沟的深度与冻土的深度相等，北京为70厘米。在草苫或蒲席上外包旧塑料，可提高温度1～2℃，且防雪。前坡角度为纬度减6.5°，即33.5°，后坡面角为冬至正午太阳角度加10°，以便冬至时阳光也能照到后墙顶端。选用无滴膜或EV多功能复合膜，这两种膜透光性、流滴性、保温性都好且吸尘少。后窗面积比生产用温室要大些。温室方位要偏东抢阳5°，长80米，脊高3.1～3.2米，跨度7～8米，面积约490～640平方米。

2. 绿化室。绿化室是供出土幼苗见光绿化至2～3叶分苗前的场所，以节能型日光温室为好。

3. 分苗棚室。分苗棚室是供幼苗分苗至成苗阶段的育苗场所，可以建在节能型日光温室中，但因需用场地大，以建育苗大棚为好，此类大棚应建在周围全天无遮阴处。把大棚骨架固定在70厘米高的墙体圈梁上，墙体厚37厘米，地下基础达冻土层（北京为70厘米左右），大棚跨度10～12米，长度50～60米，每棚面积500～600平方米，棚高3.5～3.7米，以保证行走式喷水、喷肥车作业。用无滴防老化薄膜，内部加0.05～0.08毫米薄膜做两层保温幕，最好设暖气补温设备。根据育苗作物不同加设暖气片，番茄用中温棚，平均每4.2平方米设圆翼形暖气片一节，均匀地铺在苗床下面，苗床架周围上薄膜保温。1月份最低温度可保持18.2℃。

4. 育苗盘和育苗盘架。

（1）育苗盘。目前我国多使用以下3种苗盘：288穴、128穴和72穴。美国288穴苗盘为穴长2厘米、宽0.9厘米、深4.0厘米，装草炭和蛭石比为3∶1的基质，每装1 000盘用2.76立方米的基质，合每立方米基质装362盘；

韩国288穴盘（每穴大小为2厘米×0.9厘米×4.6厘米），每立方米基质装343盘，1 000盘用基质2.92立方米；美国128穴苗盘（每穴大小为3.1厘米×1.5厘米×4.8厘米），每立方米基质装362盘，1 000盘用基质3.65立方米；韩国128穴苗盘（每穴大小为3厘米×1.4厘米×6.5厘米），每立方米基质装219盘，1 000盘用基质4.57立方米；美国72穴苗盘（每穴大小为4.2厘米×2.4厘米×5.5厘米），每立方米基质装215盘，每1 000盘用基质4.65立方米；韩国72穴苗盘（每穴大小为3.8厘米×2厘米×4.8厘米），每立方米基质装313盘，每1 000盘用基质3.2立方米。

（2）育苗盘架。为充分利用催芽室空间并节省能源，可将催芽、播种盘错开叠放在苗盘架上。育苗盘架用角钢焊成，架高180厘米、长220厘米、宽110厘米，距地面20厘米处架1层木板，向上每75厘米设1层，共3层，每层可叠放100～200盘，每架可放到300～600盘。还有一种较为轻便的育苗架，用2～2.5厘米角钢焊成，架高180厘米、长62厘米、宽42厘米，最下层距地面15～20厘米，共分8～10层，铁架下面安装4个橡胶轮，便于移动。育苗架的大小要和催芽室、苗盘规格相配，因地制宜制作。

5. 育苗床架。在绿化室及分苗后的育苗室中，为提高苗盘温度，方便作业，防止苗根向下扎入土层，将苗盘单层摆放在育苗架上，有利形成根坨，培育壮苗。育苗床架由支架和床屉构成，分移动式和固定式两种，固定式又可分拆装式和全固定式。床屉一般宽84厘米、长217厘米，放3×4＝12个苗盘，床架高50～70厘米。在6米跨度温室中将长217厘米的床架南北方向放置两排，东西延长，中间走道宽50厘米，北墙走道宽70～80厘米，每12个床架连成一个大苗床，放144个苗盘，再各留走道宽50厘米，一栋长95米，跨度6米的温室可放18个苗床，2 592个苗盘。也可南北向设大苗床，南北走道，放36个大苗床，同样摆2 592个苗盘。育苗棚室都要设立水肥供给系统，以便喷水、喷肥。水肥供给系统分行走式和固定式。行走式又分悬挂式和轨道式；固定式是将管道喷头固定在床架上，需压力泵、加肥罐、管道、喷头等。没有条件的地方也可用自来水式喷雾器加肥。

6. 育苗基质。育苗基质用草炭、蛭石、复合肥、腐熟或加工有机肥等。草炭分水鲜和灰鲜两种。灰鲜为浅位草炭，pH值5～5.5，含氮1%以上，不加亲水剂可直接利用。蛭石比重轻，透气性好，有很强的保水能力，含钾量高，无土育苗多选用直径为2～3毫米的园艺2号。珍珠岩是火山灰岩高温发泡而成，pH值7～7.5，不具保水和盐基代换能力，只起疏松透气减水作用，种植蔬菜一般不用或少用（10%左右），夏季根本不用。其他如蘑菇废料、阔叶树锯末、花生壳或棉籽壳、椰糠等粉碎后也可代替草炭。腐熟有机肥可用膨化鸡粪、麻酱渣、大粪干等。复合肥用氮、磷、钾等比三元复合肥为好。

三、番茄工厂化育苗程序

番茄工厂化育苗程序为播种、催芽、出苗、分苗前绿化、分苗及分苗后管理、成品苗就地定植、包装、运输、出售，如图6—1所示。

四、番茄穴盘育苗管理技术规范

1. 选用优良品种。参见第四章。

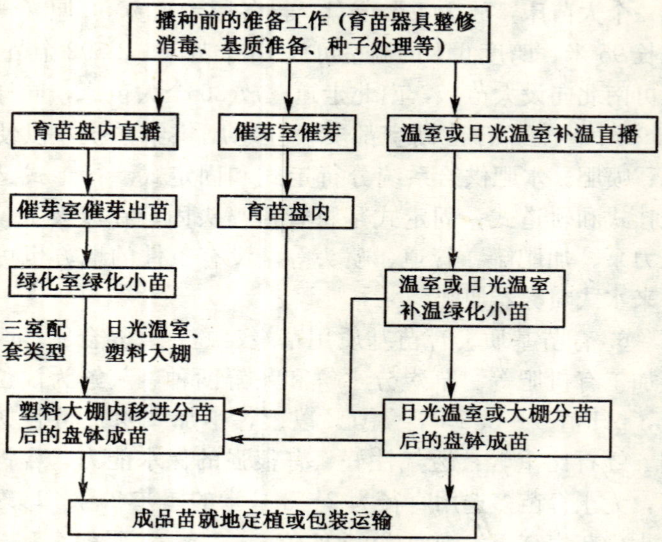

图 6—1　工厂化育苗程序

2. 播前准备及播种。番茄育苗前要准备好各种物资，如苗盘、育苗基质及种子等，并进行消毒处理。冬春季若育 2 叶 1 心苗，可用美国 128 穴苗盘，每 1 000 盘用草炭和蛭石 2∶1，每立方米加三元复合肥 2.5 千克或尿素、磷酸二氢钾各 1.2 千克的基质 2.76 立方米；要育 6～7 叶苗则用 72 穴苗盘，每 1 000 盘用草炭和蛭石 1∶1，每立方米加三元复合肥 2～2.5 千克或尿素、磷酸二氢钾各 1.2 千克的基质 4.65 立方米，外加覆盖用蛭石 1.55 立方米（用量为播种基质的 1/3）。夏季可育 3 叶 1 心苗，用美国 128 穴苗盘即可。

（1）苗盘消毒。用过的苗盘要清洗干净并进行消毒处理，方法如下：

1）40%甲醛溶液浸泡半小时。

2）100倍液的漂白粉溶液浸泡8～10小时。

3）在密闭房间内，将高锰酸钾分放几个盘中，倒入等量的40%甲醛，放出气体消毒，每立方米空间用15克高锰酸钾和3毫升甲醛。

4）每立方米空间用硫黄粉4克、锯末3克，混合点燃熏烟，密闭24小时。

（2）基质消毒。

1）用40%甲醛50～100倍液，每立方米喷10～20千克，拌匀，盖严薄膜闷24小时，充分散味后使用。

2）每立方米基质加50%福美双20～25克、70%五氯硝基苯20～25克，与基质充分混匀，防苗期猝倒病和立枯病。

3）每立方米基质加溴甲烷100～150克拌匀，用薄膜封严，闷熏3～5天，去膜晾晒2～3天，充分散味后使用。

4）将基质放入蒸气消毒器中，在100～120℃下蒸1～2小时。

（3）种子消毒。种子应选纯度高、净度高、籽粒饱满、发芽率高、萌发一致的一级种子。播前要做发芽率试验，发芽率达90%以上为好。种子消毒可用以下方法：

1）温汤浸种。将番茄种子放入50～55℃温水中顺时针搅动20～30分钟至室温止，可有效杀死种皮表面及内部病菌，去除种子萌发抑制物质，增加种皮通透性，吸水活化种子内部各种酶的活动，使种子萌发一致。

2）种子包衣和丸粒化。将杀虫剂、杀菌剂、细胞分裂素、乙烯利、钙、镁、磷、硼等包在番茄种子外，基本不改变种子形状，圆粒化后，再加进阿拉伯胶、树脂等黏合剂，制成丸粒状，利于播种和出苗后培育壮苗。用 35～70 目的蛭石粉、硅藻土等混入抗菌杀虫剂、微生物菌种及吸水性材料等也可。用精置播种机播种，则必须将种子丸粒化。经过种子包衣和丸粒化处理的种子应进行干籽直播，不需再采用种子消毒、浸种催芽等措施。

3）药剂处理。将种子用 10%磷酸三钠溶液浸泡 20 分钟后，用清水充分洗净，可除去种皮表面病毒；用 40%福尔马林 100～300 倍液浸 15 分钟，可防番茄早疫病等。将番茄干种子放入 70℃干燥箱中干热处理 72 小时也可对种子进行消毒。用 500～1 000 ppm 的硼酸、硫酸锰、硫酸钾、钼酸铵溶液浸泡番茄种子 24 小时，可促进根系生长，培育壮苗。

3. 播种。

(1) 先将基质装盘，在盘上放满基质后用刮板刮平，使格室清晰可见。

(2) 压穴。将 4～5 个盘垂直重叠，上面放一空盘，用双手平压至穴深 1～1.5 厘米左右。

(3) 点籽。每穴一粒种子，后撒蛭石覆盖，用刮板刮平。

(4) 喷水应浇至穴盘底渗水口见水为止，即达田间持水量 200%以上，播种时期要根据各地定植期向前推至合适苗龄的天数而定。华北地区日光温室 2 月上、中旬定植，7～9 叶见蕾苗需 50～65 天，故 12 月上、中旬即要播种；塑料大棚 3 月中、下旬定植，1 月中、下旬播种；露地 4 月下旬定植，2 月下旬至 3 月初播种。夏季育苗为大棚和秋冬茬日光温室用，此期天热，不易降温，且宜小苗定植，苗龄20～25天即可育成4～5叶苗。

4. 苗期管理。

（1）将播种后的苗盘放于催芽室，并将苗架盖好薄膜以保持温度；白天温度维持在25～30℃，夜间温度维持在20℃以上，3～4天后，苗60%出土时，撤掉薄膜，将苗盘移入绿化室养苗，温度可降至白天25℃、夜间16～18℃，水分保持田间持水量的65%～70%。当长到2叶1心时即可分苗转盘，冬春苗转到72穴苗盘，夏苗转到128穴苗盘。分苗至缓苗期间应提高温度：白天25～30℃、夜间13～15℃，水分保持田间持水量的60%～65%。阴雨天可适当降温2～3℃。若缺水，可隔1～2天，上午8～9时喷水1次。出圃前可适当降温，进行低温锻炼，以适应外界变化的环境。

（2）补苗。播种时另外密播部分预备苗，待苗长到1叶1心时，将苗盘中未出苗或病苗、极差苗补齐，要带根移栽，栽后立即浇水。3叶1心后视苗情喷施1～2次叶面肥，用做叶面肥的0.2%～0.5%的尿素或磷酸二氢钾既可单独使用，也可与防治苗期病虫害的农药混合使用。苗期病害主要是猝倒病、立枯病、早疫病、病毒病等。管理上要调控温度、加强通风、使夜温不低于10℃。在发病期喷800倍液百菌清、多菌灵、代森锌等。上午喷药，并喷至根部。夏季育苗主要防病毒病、温室白飞虱、蚜虫和美洲斑潜蝇等。栽培上要注意防雨、遮阴、土壤保湿及喷水降温等。药剂防治可用2.5%功夫2 000～3 000倍液、绿浪1 000～2 000倍液或1%溴氰菊酯烟雾剂和挂黄板诱杀。

5. 成苗标准及包装运输。冬春苗多为72穴苗盘苗，成苗标准是株高20厘米，茎粗0.45厘米，6～8片真叶并带小花蕾，苗龄60～65天。128穴苗，苗龄50天左右，株高10～20厘米，茎粗0.25～0.3厘米，4～5片真叶。夏季苗多用128穴苗，苗龄20天左右，株高13～15厘米，茎粗0.3厘米，3～4片真叶。苗盘苗的根系都要成根坨，取出苗时不散坨，成根包土状态。自用苗可带盘到地，把苗盘竖起，一手提一盘，也可双手托盘，避免穴盘断裂。若要运输，则将苗从盘取出，逐排、逐层斜放于纸箱，取苗前浇透水。冬季要特别注意保温，夏季要特别注意保湿。可以远途运输。穴盘苗定植成活率为100%。

§6—2 番茄无土栽培和绿色食品生产技术

一、无土栽培和生产绿色食品的含义

根据国际无土栽培学会的规定，凡是不使用天然土壤，使用或不使用基质，用营养液灌溉植物根系，或用其他施肥方式来种植作物的方法统称为无土栽培。无土栽培能避免土传病害和连作障害，肥料利用率高，节约用水，在不适宜土壤或一般农业生产的地方也可生产，并可机械操作，减轻体力劳动，是全设施农业，一次性设备投资大，对电、加工性肥料及管理技术水平要求高。生产效率高，产值高，能生产出优质产品，是发展“三高一优”现代化农业的方向。

随着人民生活水平的提高和环保意识的增强，生产符合绿色食品标准，对人体更具保健作用的优质番茄，是人们的追求。绿色食品是无污染、安全优质、营养食品的总称。生产绿色食品要符合以下条件：

1. 环境质量标准。生产基地的大气必须清洁，日平均二氧化硫和氮氧化物均应低于 0.05 毫克每立方米、总悬浮微粒应低于 0.15 毫克每立方米、氟应低于 7 微克每立方米。灌溉用水质量标准为 pH 值 5.5～8.5。重金属和有害化合物汞均应低于 0.001 毫克每升、镉应低于 0.005 毫克每升、砷应低于 0.05 毫克每升、铅应低于 0.1 毫克每升、铬应低于 0.1 毫克每升、氯化物应低于 250 毫克每升、氟化物应低于 2.0 毫克每升、氰化物应低于 0.5 毫克每升。各种基质（有土栽培的土壤中）的重金属和有害物质也有相应规定，如黄壤土的限制为汞应低于 0.21 毫克每千克，镉应低于 0.18 毫克每千克、铅应低于 56 毫克每千克，砷应低于 32 毫克每千克，铬应低于 108 毫克每千克等。

2. 种植应符合农业部制定的生产操作规程。

3. 产品应符合农业部制定的绿色食品质量和卫生标准。

4. 产品外包装应符合国家食品标签通用标准，符合绿色食品特定的包装、装潢和标签规定。AA 级绿色食品不使用任何化学农药、化肥和人工合成激素，A 级绿色食品只允许限量使用限定的农药和化肥。

二、我国无土栽培的主要方式

1. 无机耗能型无土栽培。

（1）营养液膜系统。在栽培槽内循环灌溉用化肥配成的营养液，营养液深度不到 1 厘米，番茄根系直接浸在营养液中。

（2）深液流法。营养液深度 5～10 厘米，番茄根系直接浸在营养液中，温度变化较平稳。

（3）浮板毛管水培法。用聚苯乙烯板做成栽培槽，槽长 15～20 米、宽 40～50 厘米、高 10 厘米，槽床内铺 0.8 毫米聚乙烯薄膜，营养液深 3～6 厘米，液面漂浮 1.25 厘米厚、12 厘米宽的泡沫板，上浮密度为 50 克每平方米亲水性的无纺布，两侧延伸至营养液中。番茄秧苗栽在有孔的定植钵中，然后悬挂在栽培床定植板的孔内，正好把行间的悬浮板夹在中间，根系从苗钵孔中伸出，生长在无纺布上下。营养液循环使用。

（4）袋培。用白色聚乙烯塑料袋，袋长 70 厘米、宽 35 厘米，内装 18 升基质，用滴灌法供营养液。

（5）鲁 SC 无土栽培。鲁 SC 无土栽培是山东农业大学开发的无土栽培系统。栽培槽为三角形，离基部 5 厘米做个铁丝网，上铺棕皮，再铺 10 厘米厚蛭石，番茄种在蛭石内，营养液循环利用。以上方式虽比土壤栽培优越，但都用化肥配营养液，其中硝态氮的含量占总氮量的 90%以上，导致番茄产品中硝酸盐含量过高，不符合绿色食品生产要求。

2. 有机生态型番茄无土栽培。

（1）栽培特点和基本设施。有机生态型无土栽培不用天然土壤，也不用传统的化学肥料营养液，而全部用基质加上有机固态肥，并直接用清水灌溉来栽培番茄。它设施简单，管理方便，耗能少，成本低，排出液对环境无污染，产品质优，可达“绿色食品”标准。栽培槽用 3 或 4 块砖平地叠起，高 15 厘米，内径宽 48 厘米，长 5～12 米，依温室类型而定。底部铺一层 0.1 毫米厚聚乙烯薄膜，以隔离土壤病虫害。其上铺一层 11～16 厘米厚的有机和无机混合物基质。有机基质可就地取材，如粉碎后的玉米、向日葵、秸秆，农产品加工后的废弃物（如椰糠、蔗渣、锯末）等；无机基质如草炭、蛭石、珍珠岩、炉渣、沙等。按体积比可 2∶8 或 2∶5。常用的有草炭和炉渣按 4∶6 混合后，每立方米加 10 千克消毒鸡粪、3 千克向日葵秆粉、1 千克大豆饼肥。每立方米基质可铺 6～9 平方米净栽培床。铺好后在有自来水设施或水位差 1 米以上蓄水池、罐的条件下，按单个棚室建成独立的灌水系统，每床铺设滴灌带 1～2 条，可栽培 2 行番茄，如图 6—2 所示。

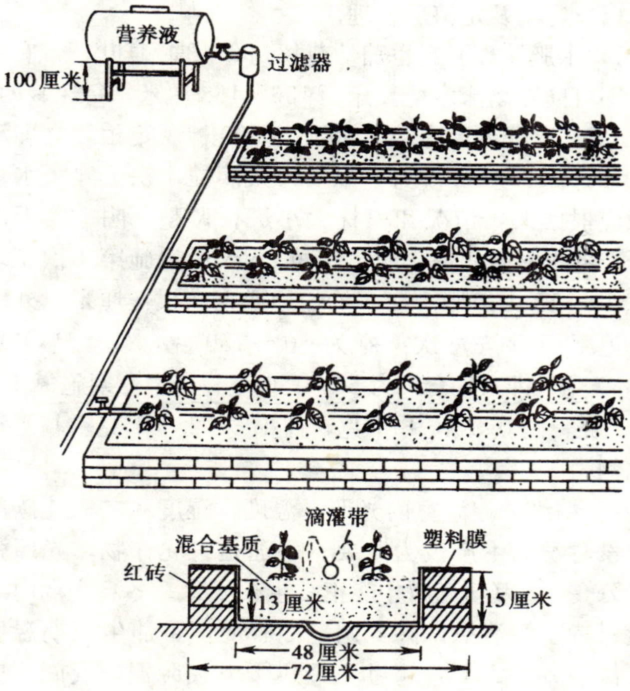

图 6—2　有机生态型无土栽培设施构造示意图

（2）无土育苗。草炭和蛭石 1∶1（或 3∶1），每立方米用 10 千克膨化鸡粪，用蛭石覆盖。培育无病虫优质壮苗

(参见工厂化穴盘育苗和苗钵无土配方育苗)。

(3) 选用保护地番茄品种。要求在保护地中选用产量高、品质好、具复合抗病性、耐低温弱光、适应性强、种子质量好（纯度、发芽率95%以上，成苗率90%以上）、投入产出比高（单株产量2.5千克以上）、适于无土栽培的番茄品种。

(4) 定植及定植后管理。

1）水肥管理。当番茄幼苗长到6～8片真叶、带有花蕾时，即可向栽培床定植。床距156～168厘米，每床栽两行，株距25～30厘米，亩栽2 800～3 600株。定植后立即滴灌清水，每株0.8～1.2升，以后每天滴灌1次。灌溉水量和次数应根据天气情况和植株大小进行调整，阴、雨天停止灌溉，冬季隔日滴灌1次。定植20天后追施第1次肥，以后每10～15天追肥1次，均匀地撒在离根5厘米以外的地面，追肥用量按每次：氮为80～150克，磷（P_2O_5）为30～50克，钾（K_2O）为50～180克。全生育期施氮1.5～2.0千克，磷0.5～0.8千克，钾1.8～2.4千克。基肥和追肥比例为4∶6。

2）精细调控温室内光照、温度、湿度和二氧化碳等环境因素对番茄生产极为重要。番茄是喜光作物，光照强度为3万～3.5万勒克斯才能正常生长发育。冬春光弱时，要尽量保持屋面清洁，甚至用电照补光。番茄生长期温度白天要保持21～25℃，超过27℃就要开窗降温，夜间不应低于16～18℃。进入结果期可维持空气相对湿度75%～80%，基质湿度在果实膨大前维持60%～65%，结果期提高到70%～80%，阴天每天滴灌1次，晴天每天滴灌2～3次。番茄开花坐果以后要加强通风换气和补施二氧化碳，以利于番茄高产。

3）有机生态型无土栽培番茄一般选用无限生长型品种，采用单秆整枝，塑料绳吊蔓。长季节栽培番茄可将塑料绳吊在用铁丝做成的S形双钩吊绳架上，随植株长高不断回放塑料绳，使基部的秧躺在地上，植株可长到8～10米长，但顶端却始终保持一定高度，有利通风透光和方便各种作业。

4）保花保果与疏花疏果。常用的生长刺激素有对氯苯氧乙酸（又称番茄灵、防落素、番茄通等）和2,4-D，如运用得当，对保花保果效果很好。但对使用激素，存在较大争议，为避免对人体健康产生的危害和使用不当带来的药害、果实畸形、空果等品质下降问题，生产无土栽培高档番茄最好不用激素处理，可用人工或振荡器在上午10—11点番茄开花后振荡授粉。为节省劳力，技术先进国家已广泛采用熊蜂授粉。熊蜂比普通蜜蜂体形大，需蜂量少，每只蜂可授20平方米面积，80只为1箱的蜂可对1 500平方米的番茄进行授粉，蜂箱轻，便于喷药时搬出室外。不蜇人，使用安全，且可为每朵花授粉，不受植株高度、时间等限制。用熊蜂授粉的番茄产量高，果实大，种子量增多，多汁，品质优良，应提倡推广。为使果实大小均匀，外形美观，提高上部连续坐果能力，在第1穗坐果开始就进行疏花疏果，大型果第1穗留3个果，第2穗以后各穗留4个果，中型果每穗留4～6个优良果，多余的花果及时摘除。

5）摘心疏叶。根据不同品种和栽培方式，在预留果穗上部留2片叶摘心，一般冬春茬留果8～10穗，秋冬茬留果6～7穗，季节栽培的樱桃番茄可留到20穗以上。植株下部老叶、黄叶及收过果后的下部叶片可打去，以利通风透光和卧秧，对生长势特强、叶量过大、影响通风透光的番茄品种，也可摘除部分叶的叶端，以调节叶量。

6）果实采收和催熟可参照有土栽培番茄，但生产高档绿色食品番茄要使其自然成熟，不要用乙烯利等催熟剂处理。番茄以自然在植株上达到完熟期的，风味品质最佳。

§6—3 微型（樱桃）番茄优质高产栽培技术

微型番茄在日本称“迷你”番茄，属普通番茄半栽培型亚种中的樱桃番茄类型，和梨形、李形、长圆形、多室番茄并列。在我国，一般称此类型番茄为“樱桃”番茄。随着饮食文化的发展，对樱桃番茄的消费也随之增加。小果番茄单果重30～50克，每穗坐果15～20个，也属广义的樱桃番茄类。20世纪90年代以后，樱桃番茄品种急剧增加，微型番茄在我国的育种和栽培均处于起步阶段，大多是借鉴日本、美国等现有杂交种，进行后代自交分离选择、人工接种毒原、菌原等抗病性鉴定育成的新自交系或杂交系种。随着我国人民生活水平的提高和市场经济的深入发展，微型番茄的育种和栽培必将成为发展农村经济的新增长点。参见§4—3。

要使樱桃番茄优质高产，其栽培技术应注意以下要点：

一、控制基肥用量

一般在肥沃的园田，施肥量要比普通鲜食大果番茄少施1/3。要多次少量追肥，以稳定生长势，防止肥量过大导致果实变大。第1次追肥要迟，一般第1果穗始熟期才追。

但也不能缺失肥料，以维持高穗果实的养分需求。特别是长季节栽培，果穗可达20～30穗果，更要注意中后期多次追肥。肥料种类要全施有机肥，尽量不用单一化肥，可少量用复合肥，以防番茄品质风味变差。

二、控制灌水，能灌能排

樱桃番茄浇水过多，排水不良，会大大降低品质和风味，也易造成裂果。

三、强调大苗定植

要在第1穗花将开或已开放1～2朵时定植，以稳定前期生长势。避免小苗定植，防止疯秧。但也要防止幼苗过度老化，成“老小苗”，不利长季节栽培的发秧。

四、尽量避免用生长激素处理

以防降低品质，有条件的最好用振荡授粉和熊蜂授粉，以保证全穗坐果整齐及无间隔坐果，使果穗美观，商品性好。

§6—4　番茄嫁接栽培技术

利用番茄砧木和接穗嫁接栽培，可防止番茄病害，特别是青枯病、褐色根腐病、枯萎病、根瘤线虫等土传病害的出现，增强生长势（如扩大根系及根系对养分、水分的吸收能力和促进地上部生长等），提高抗逆性（如增强耐寒性、耐热性、抗盐碱能力等），克服连作障害，以实现优质高产。

一、砧木品种

培育砧木用番茄品种，现已选育出的番茄砧木品种有青岛农科所的 121 和 128 等（参见§4—5）。番茄砧木品种也有比自根苗增产 20%～120%的生产实例，但我国此项工作开展较晚。日本自 20 世纪 70 年代开始培育砧木用番茄品种，首先育成能抗青枯病和枯萎病的“BF 兴津 101”，后又相继育成“耐病新交 1 号”“PFN”“PFNT”。“耐病新交 1 号”能同时抗褐色根腐病、根结线虫、黄萎病、枯萎病和根腐枯萎病 5 种土传病类。20 世纪 80 年代，随着番茄保护地面积增多，连作障害加重，日本又育成了 LS-89、PFN-FR、安克特、结合、加油根等 12 个品种，除抗以上五种病害外又可抗 T_OMV（$TM2^a/TM2^a$）、叶霉病、枯萎病生理小种 1·2 等，而且种子大小、叶形、株势、根群强度都和栽培种相近，发芽整齐，早期生长发育好，茎秆粗壮，容易嫁接，对土壤施肥量适应性强，嫁接后不降低果色、风味，极少发生空洞果、软化果、条腐病果，特别是果实表面不会出现斑点症状，对提高番茄产量和质量起着很好的作用。进入 20 世纪 90 年代，日本研制的番茄品种更向品质至上、复合抗病、适应多型、省能省力方向发展，育成的砧木品种不但多抗，而且容易栽培管理，与自根苗一样简单。1991—1997 年新育成了影武者、加油根 3 号、对话、超级良缘、博士 K 5 个砧木用番茄专用品种。这些品种同时抗 6～7 种病（虫）害，其抗根腐枯萎病、黄萎病、青枯病能力都有明显提高。抗 T_OMV 的也多为 TM2、$TM2^a$ 型。嫁接后几乎适应所有栽培方式，具有砧木吸肥力稳定、栽培管理和自根苗相同等特点。以上介绍的砧木品种种子粒数多为每10毫升1 000～1 300粒。若采用劈接法一般要比接穗品种早播3～7天。以上砧木品种，在我国均可选用。

二、嫁接方法及接后管理

适用于番茄嫁接的方法有多种，常用的有靠接、劈接、插接、针式和套式嫁接法等。

1. 靠接法（舌接法）。靠接法应用较多，容易成活。但育苗后期易倒伏，要精心管理。

用靠接法播种育苗时，一般砧木比接穗要早播3～4天，这样可使砧木和接穗下胚轴粗度相近。播前种子要消毒，播后当苗长到2片真叶时，将砧木和接穗苗分别分苗，使其粗壮。当长到4片真叶时，即可嫁接。嫁接前2天给砧木浇水，使茎秆挺拔，对接穗控水，不使茎秆过粗。砧木长出3片真叶时可摘心，以促苗长粗。嫁接时，将砧木苗轻轻拔起，保全根系，用嫁接刀在第1片真叶对面下方1.5厘米处下斜45°切一深达茎粗1/2到1/3的斜口，同时将接穗在同样地方上切45°斜口，两手分别捏着砧木和接穗第2至第3真叶间，将上下斜口相互插入，紧密吻合后，用嫁接夹夹住接口部位即可。嫁接后将苗栽入直径为10～12厘米苗钵中。砧木苗居中，使接穗根部分开1.5～2厘米。将苗钵放入棚室内，温度保持白天20～25℃，夜间20～28℃，昼夜温度不能低于18℃也不能高于28℃。接后3天内，棚室空气相对湿度保持在90%～100%，低于90%，苗会萎蔫而死。接后4～7天，棚室空气相对湿度保持在85%～95%，7天后可保持在60%～70%。嫁接后3天内完全遮光，可用牛皮纸袋、草苫或遮阳网等，以起降温、防蒸腾、防萎蔫的作用。接后4～6天可在上午8：30和下午4：30各见光

30分钟左右，7天后可仅中午遮光3～4小时。一般10天后嫁接苗即成活，可恢复正常光照。完全遮光时间不能超过5天，否则，嫁接苗黄化徒长，易软腐死亡。嫁接后在放入棚室小拱棚内之前，用喷雾器全株喷雾保湿，放入后苗钵浇透水，盖严拱棚，4～5天内不通风，晴天每天喷雾2次，阴、雨天不喷，夏秋高温季节育苗时，每天喷雾4～5次，以降温增湿。5～7天后检查嫁接成活率，早晨6时左右，接穗真叶挺者为活、蔫者为死。以后晴天喷雾1～2次，喷雾以叶湿而不滴水为准，且忌浇水没至接口处，易引发病害。5天后可在傍晚、清晨通风1～2次，7～8天后逐渐揭开塑料增加通风量和时间，但中午仍要喷水1～2次，直至完全成活。成活后的管理：

（1）除蘖。嫁接苗10天后即可完全成活。要及时摘除砧木萌叶，因砧木已摘心，侧芽极易生长，应彻底清除。

（2）断根。从接穗接口处剪断。砧木除茎与接穗断根均可分两步走，先各切断茎粗的1/2，3～4天后再全部切断。若苗倒伏则要插竿扶直。

（3）移钵分级。将成活好的苗，大苗放在一起、小苗放在一起，淘汰不合格苗后分别管理。

（4）去除固定物。固定物的去除必须等嫁口长牢后稍晚进行，否则搬动时易断。若用塑料条封口，可较早松绑，但要逐步缓解。

嫁接后达定植期的苗，应为接口牢固、砧木接穗茎基本等粗、节短、叶大、叶厚、茎略显紫、7～9叶带大花蕾的无病虫壮苗。

2. 劈接法。劈接法容易操作，成活率高，但育苗后期管理较麻烦。一般砧木要比接穗提前7～10天播种，播种

15～20天后砧木长出4.5～5片真叶，接穗长出4～4.5片真叶时即可嫁接。拔出接穗苗，用嫁接刀在子叶下2厘米处水平断茎，再沿子叶两侧将茎向下削成1厘米左右楔形。拔出砧木苗，用嫁接刀在第2片真叶上方0.5厘米处水平切除上部，然后在第1片真叶相对方向，通过茎中心3/4处纵切1～1.2厘米，拔出嫁接刀，立即将接穗第1片真叶对砧木第1片真叶接入切口，插紧贴实，用嫁接卡卡住砧木切口两边即可。嫁接后管理参照靠接法。

3. 套式嫁接法。套式嫁接法是操作简便、快速、成活率高的新方法，值得推广。一般砧木和接穗同时播种，播后21～25天，苗长至2片真叶1心时，拔出砧木苗，用嫁接刀在子叶上方0.5厘米处上斜30°切除上端。根据茎粗选取嫁接套（嫁接套长一般为1.3～1.4厘米，可用麦秆剪断成套），套在砧木切口茎上，套的下端与子叶齐。选取与砧木切口等粗的砧木苗，在第1片真叶下方上斜30°断茎，插入套内，使切口紧密贴实，立即对全株喷雾，以不滴水为限。接后管理参照靠接法。根据英国实践资料，在砧木和接穗发足子叶、真叶刚吐心、下胚轴已较挺壮时，在子叶下1厘米处各向相反方向斜切0.5厘米左右切口断茎，并使切口对接，立即用毛笔蘸取溶蜡涂于接口，蜡很快凝固成蜡套密封固定接口，茄子、番茄互为砧木接穗也可应用。此法更为简便，且可早期进行，可以试用。

三、番茄嫁接栽培技术关键

1. 砧木和接穗品种的亲和性。不少砧木的亲本都有野生番茄血统，特别是早期育成的砧木品种，如兴津101、耐病新交1号等，其幼苗长势、结构、粗度等，与普通栽培番茄的栽培接穗不同，如选配不当，则出现嫁接困难，成活率低或成活后生育不良等问题。

2. 砧木和接穗品种之间的病害相关关系。嫁接栽培的重要目的是提高抗病害性，要针对当地难以克服的病害，特别是土传病害和病毒病害来选配砧木和接穗。例如，病毒病是通过汁液传播的，$T_{O}MV$ 较容易通过嫁接部位移动。如果砧木和接穗抗 $T_{O}MV$“型号”不对，则极易因感染病害而造成嫁接栽培失败。再如，为了避免褐色根腐病和根腐枯萎病而用嫁接栽培，但砧木和接穗感染病毒造成的坏死萎蔫又成大问题。也就是说，如用影武者（$TM2^{a}$）型抗病毒砧木，其接穗只能选用温室桃太郎、中蔬 5 号、中蔬 6 号等 $TM2^{a}$ 型抗病品种。

3. 嫁接植株与原接穗品种在栽培上的特异性。有些砧木品种，如兴津 101、耐病新交 1 号等野生性较强，根群大，嫁接后容易使植株生长过旺，影响下部坐果性、早熟性、甚至果实品质。所以，在栽培管理上要用大苗或稍老化苗定植，适当少施基肥、以坐果后追肥为重点。20 世纪 90 年代育成的砧木品种则注意了这些方面，有所改进，可以用与自根苗相近的管理方法管理。

4. 利用砧木品种终归还要嫁接，虽然改进了嫁接方法，甚至用机械嫁接，但还是费力费钱。目前番茄育种上也在培育即使不用嫁接也能达到和嫁接苗同样效果的品种。我国番茄嫁接还处在研究起步阶段，南方重要的土传病害青枯病的抗病育种，通过国家科技攻关已有突破性进展。

第七章

番茄病虫害防治

§7—1 番茄生长发育诊断与生理病害

番茄生长发育受外界环境条件的制约，不同的外界环境条件会使番茄在各个生育阶段的形态特征表现不同。通过不同阶段的形态诊断会了解在哪些条件下对番茄的生长发育有利，从而改进栽培措施，使番茄能够顺利生长发育，达到丰产栽培的目的。俗语所说“看天看地看庄稼”，其中“看庄稼”就是对形态的诊断。现代科学还可借助各种仪器监测指标来决定正确的栽培措施。

一、发芽期的生育诊断

发芽期是指从种子萌动到子叶展开的自养阶段。正常的番茄种子在温度为25～28℃，并能充分吸收水分、空气良好的条件下，胚根能较快地伸出种孔，长得洁白粗壮，播种后顺利出苗，子叶呈披针形、大而宽厚平展，下胚轴粗壮、高3厘米左右是正常的生育状态。在出苗后至真叶出现前的阶段若温度过高，特别是夜温过高则会引起徒长，具体表现为下胚轴过度伸长，又细又弱，真叶迟迟不出现，体弱抗性差，苗常容易得猝倒病而死，所以在管理上，出苗后要适当降温，光照充足。但在温度过低、水分不足的情况下，发芽期容易造成出苗过慢，甚至烂籽，出苗后则下胚轴过短，子叶展开慢，延迟整个生育进程，并易得

"立枯病"。

二、幼苗期生育诊断

幼苗期是指自第1片真叶出现至第1花序现大花蕾未开花前的时期。幼苗期是番茄一生中的重要基础时期，此期要经过7～8片真叶的展开，1～3序花序的分化，以主根为主的根系系统的建立等。此期的生育目标是增加节数、叶数，促进花芽分化，达到早、多、壮、正，扩大叶面积，提高光合能力，提高叶重和茎重的比值，降低地上部重和根重的比值，也就是培育壮苗。壮苗的标准型应是定植前整个植株为长方形，叶大，茎粗，节间短，株高20厘米左右，8～9片浓绿肥厚叶片，最小叶片长度不小于2.5厘米，叶形较宽呈掌状，叶柄粗壮，茎的直径在0.5厘米以上，粗度上下基本一致，节间紧凑，茎基部略显紫色（绿茎品种除外），茸毛明显，第1花序花数适中，花蕾大而健壮，不畸形，锻炼好的秧苗健壮有力，用手轻压能自动弹起，根系发达，布满苗钵。因为健壮的幼苗是丰产的基础，构成前3穗产量和外观品质的花芽也形成于幼苗期，所以"壮苗五成收"是有一定科学道理的。此期若管理不当，容易出现徒长苗、老小苗、花芽分化不良，甚至出现病苗、死苗。

徒长苗茎细、节长，甚至茎部上粗下细，叶片薄而色淡，叶身平，叶脉细，整个幼苗表现瘦弱，呈倒三角形。徒长的原因多为氮肥过多、灌水过多、温度高特别是夜温过高、光线不足而引起的。反之，温度过低、水分不足、盐类浓度过高等会使番茄幼苗极度矮缩、叶色暗绿无光、花蕾在顶部短缩成花打顶、整个株形呈正方形，成为"老小苗"。番茄花芽分化通常从第5～8节叶位开始，此时植株展开真叶3～4片。下胚轴和子叶到第1真叶的长短合适，表现匀称健壮，这样的苗顶端生长点变平，中间凹陷，逐步分化成第1花序第1花。此时若高温、多湿，特别是夜温过高、育苗密度过大、营养面积过小则呈徒长状态。花芽分化期的徒长苗，茎细柔软，节间过长，特别是下胚轴和第1真叶和子叶之间节间过长，叶柄长，叶片长薄，叶色淡绿，这样的苗会推迟花芽分化时间，提高花芽分化节位，且花数减少。反之，若温度过低，水分不足等会使幼苗生长缓慢，节间过短，同样会延迟花芽分化时期，并造成畸形花芽，出现较多的畸形花和畸形果。

三、开花坐果期的生育诊断

开花坐果期是指定植后第1花序开花至第2花序果实膨大前的时期，也就是定植到"蹲苗"结束期。此期营养生长和生殖生长同时进行，但仍以营养生长为主，是由营养生长为主过渡到秧果同时生长以果为主的转变时期。此期秧果关系容易发生矛盾，是调节秧果关系的关键时期。此期的生育目标是建立稳健的营养体，健壮的前3穗花序和强大的根系，为以后的大量果实生产打下良好的吸收同化系统。此期生育是否正常，直接影响到产品器官的形成和产量，特别是前期产量。

此期正常的株形为长方形，节间长短适当，自下而上长度逐渐增加，茎部粗细均匀，植株直立，展开叶片自下而上逐个增大，叶身平展，中肋平直，叶肉厚，叶色绿，有光泽，叶片较宽短，呈手掌形，花序发育正常，第1花序果实如核桃大，第2花序果实如红枣大，第3花序正在开花，距顶端约20厘米上的花序正在现蕾，生长紧凑，花梗短粗，花柄节明显，在花序上部还不断有新叶生出。每个花序发育中庸正常，花大冠黄，药筒不开裂，将雌蕊柱头包容在内。不落花，花序内果花排列有序，从大到小直至花序顶端。花序前无花前枝。每朵花中花萼、花冠、雄蕊、雌蕊比例适中，能正常自花授粉受精，受精后花柄变粗，颜色由绿变成黑绿，果柄节粗壮，不萎缩变黄，不生成离层，不会落花落果。此期植株顶端有正在出现和生长着的幼嫩叶片。定植该苗后，大叶转绿，心叶见长，早晨有吐水现象。随着植株的长大，茎变粗，节变短，叶片数不断增加，根系向深向大扩展，形成强大的根系。在土壤营养充足的前提下，此期的水分管理，应"多锄少浇"即采取"蹲苗"的措施。"多锄少浇"破坏了土壤表面的毛细管，可防止水分蒸发，提高根际周围的温度和透气性，促使根系向深、向横发展。有了强大的根系才能为进入结果期的植株打下良好的基础。此期要使叶片变得厚大、色深，大叶在中午萎蔫而晚间能恢复正常，但无吐水现象为准。此时第1穗果也已长到核桃大小。果实生长以增加细胞数为主，一旦"蹲苗"结束，大水大肥跟上，就会使整个植株进入结果盛期而达到丰产目的。但此期若管理不当，环境条件不良，就会出现"疯秧"、畸形花果、落花落果、花序萎缩、开窗茎、细长秧等不正常形态。此期的徒长表现为两种类型，一是氮肥过多，营养过剩型的"疯秧"，表现为整个株型呈倒三角形，茎基部较细而自下而上急剧增粗，叶片宽短呈过繁茂状，由于茎叶过繁，营养生长过剩，引起花序发育不良，花序小，花不能正常发育而萎缩或落花落果，茎顶端过粗过短出现裂缝，成为"开窗茎"，这以上的花序就易落花落蕾，甚至出现"花前枝"，若不及时打掉则影响开花坐果和果实膨大。过于高温多湿、低温干燥、氮肥过多、钾钙过剩都会因妨碍硼素吸收，供硼达不到苗端，促使顶部生长素增多，细胞分裂过盛，而成“开窗茎”。改善番茄生育条件，叶面喷硼会消除此种障害。另一种情况是，此期营养不足，特别是氮肥过少而又高温、水分过多、光照不足等，易造成植株瘦弱、叶小、叶黄、茎细叶小、节间过长、根系稀细、量少、花序得不到充足的营养而发育瘦小，或落花落蕾，或花序整个萎缩而各花蕾全部脱落的瘦弱型徒长。对此要采取施足量肥、合理追肥、调节温度和水分等综合管理措施才能防止此类苗的出现并改变以后的植株状态，在露地低温及高温、保护地条件下对成长的花施 2,4-D 防落素、番茄灵等生长刺激素会有效地防止落花落果和促进果实膨大。

四、结果期的生育诊断

结果期是营养生长和生殖生长同时进行而以生殖生长为主的时期，此期从第 1 穗果果实迅速膨大直至全部果实成熟或栽培结果为止，是番茄果实生产的整个时期，在栽培上即“蹲苗”结束后进入大水大肥直至拉秧为止的时期。此期的生育目标应是维持最适叶面积指数，保持强大的光合能力。上部叶片和节数不断增加，上部花序继续增加，果实不断正常膨大成熟。扩大维持叶面积和茎重比，降低地上部和地下部重量比值。正常的植株形态仍为长方形（指无限生长型单秆整枝），顶部叶片正常展开，功能叶片平直厚绿，充分展示品种特征。茎粗和节间上下较均匀地增加，茎下方上圆，茎不生无效不定根，叶肋不出不定芽。花序果实大小适中，正在开花的花序距苗端 20 厘米左右，已展开的花序上，果花自大而小由花序靠茎端向前排列有序，花序总柄粗壮，每花花梗短粗、花柄节明显，果花不畸形、不裂果、不“僵逗”，能正常开花授粉受精，不落花落果，果实正常膨大、着色、成熟，呈丰产优质状态。此期根系迅速向深、向大发展，随着植株地上部长高长大，定植后 58 天的根系深可达 120 厘米，两边根展开可达 210 厘米。正因为番茄有强大的吸收根系，能从地下部吸收大量的营养和水分，而地上部又是裂片叶，茎叶全身密布茸毛和腺毛，能防止蒸发，节约用水，所以番茄才能耐瘠、耐旱，又能使营养丰富而多浆的果实连续大量的生产，这也是番茄适应性广，农民爱种的内在原因。虽然如此，在番茄结果期若生育条件不良，管理不当就会出现许多生理障害并在形态上表现出来。此期不正常的形态可从以下几个方面进行诊断：

1. 植株“疯长”或瘦小。表现秧果关系不协调。若植株过度茎粗节长，叶片厚大，中肋弯曲，特别是打顶后，叶片中肋甚至叶脉上会出现不定芽，开花部位距顶较远，特别是第 1 穗花落掉而又营养过剩，氮肥过多，高温高湿，日光不足，使整个植株坐果不良，表现“疯秧”。这样的植株容易发生筋腐病和果实着色不均匀等。反之，若植株表现茎细叶薄，下部坐果过多，致使生长点无力伸长，上部开花花序距顶端很近，致使上部花序落花，坐果不良，或形成空洞果。这多是由于缺肥、干旱、气温过高或过低造成的。

2. 落花落果。发育正常的花粉，散落在发育正常的雌蕊柱头上，在温度为 15～30℃和营养状况良好时，花粉会很快发芽，花粉管伸长，在胚胎内受精而形成种子，同时子房膨大成为正常的果实。花粉发育、正常散粉、花粉发芽和授粉及雌蕊正常发育的任何环节不良，都会引起落花落果。此期落花的原因在露地主要是高温多雨和营养不良。当温度高于30℃，特别是白天高于35℃，夜间高于20℃，花粉管不能正常伸长。过度干旱，空气湿度小，则会抑制花粉发芽；而开花期间湿度过大，则会影响散粉。散粉后遇雨更会使花粉过度膨胀，破裂而不能受精，引起落花。过度干旱或多水对根系发育和吸收养分均有不利影响，也会造成落花落果。整枝打杈不及时，造成多个侧枝同时疯长，致使营养生长过旺，花序得不到充足的营养而促成离层形成，引起落花落果，坐住的果实也会因营养不足、授粉不良、胎座及种子发育不良，形成空洞果。在保护地里，此期在冬茬易遇低温和弱光，日照不足，在春茬易遇高温，再加上土壤养分不足，水分和空气湿度过多或过少，或下部结果过多，均会造成营养生长与生殖生长不协调而引起落花落果。在开花期适当使用2,4-D、番茄灵等植物生长素会有效地防止花柄节间形成离层而落花落果，特别在保护地中，这是一项必要的栽培措施。

3. 果实出现多种生理障碍形态，如畸形果、裂果、空洞果、僵果、脐腐果、日烧果、筋腐病果和果实着色不良等。

(1) 畸形果。果面有深达果肉的皱褶，花柱痕狭长，心室数多而乱，整个果实椭圆、扁圆或偏圆形，有的呈不规则形或呈双果连体形（称多心形果）；有的在果实心皮旁或果实顶部出现指形物和瘤状物（称突指形果）；有的在心皮旁边开裂成洞，种子裸露，或花柱痕严重开裂后膨大呈杂乱无章的翻心状（称开洞果或翻心果）；有的则心皮数减少，果形瘦长变尖（称尖形果）。上述畸形果多源于花芽分化期，雄蕊、雌蕊分化初期，此期温度过低、氮肥过多、高湿、日照不足致使营养过分集中输送到正在分化的花芽中，每个花芽分化的时间变长，细胞分裂过旺，心皮数目分化增多，开花后心皮发育不均衡所致。所以，在苗期要防止过度低温，苗龄过长及多肥高温。这对防止出现上述类型畸形果是很重要的。当然，在同等条件下也受品种特性的制约，要选择在低温条件下不易出现畸形果的品种。2～3心室的小果型品种基本上不会出现畸形果。

(2) 空洞果。胎座不发达而心皮过度膨大形成很大的种子腔空隙，有的外形不规则，果皮大而不平（称菊形果）；有的外形规则，果皮平展凹下，顶部瘦尖，果实棱角明显（称方形果）。空洞果源于减数分裂期、开花授粉期和果实膨大初期，只有在果实成熟期，空洞才充分表现出来。形成空洞果的原因：一是生长素的危害，若生长素浓度过大，使用时期过早，就会出现皱褶空洞果（菊形果）和突尖状果；二是花粉不良或授粉受精不良，种子退化或数目很少，使胎座组织生长不充实，随着果皮的增大而成空洞腔。高温、低温、日照不足都会造成授粉不良。土壤水分过多，氮素营养过多也会出现空洞果。下部结果过多，上部果实由于营养不足、高温干旱或低温日照不足都会形成心室数少的方形空洞果。不同品种出现空洞果的时期和数量也有较大的差异。空洞果使果实重量减轻，外形不美，胎座物质比例过少而严重影响果实风味，整个果实品质下降。加强肥水管理，特别是供顶部果实充分膨大的水肥管理及正确使用生长激素或用振荡辅助授粉，选用不易出现空洞果的品种，可有效防止空洞果的出现。

（3）逗果和僵果。在果实膨大初期即可明显看出花序上的个别花虽然未落，但果实不能膨大，没有种子，只有樱桃大小的以果皮为主的小果，这种果称为逗果或粒形果。还有一种果实很小，发育不良，但仍有少量种子，比逗果大些，果形圆或部分心室膨大，果实扁圆，这种果称为僵果。逗果和僵果均无利用价值，这两种形状果的出现是由于温度过高或过低、日照不足，使花粉、胚珠不能正常发育和授粉受精，花序上每朵花营养分配不均，致使个别花得不到充足营养，本来应该落掉，但由于使用了生长素而勉强阻碍了花梗离层的形成，未能落掉，但又营养不足，不能使此果正常膨大，直至红熟，不落也不长，处于“逗”“僵”状态。此类果多出现于外界条件不良的第1花序开始及花序的最前端。品种之间出现逗果、僵果的差异很大，花序大而乱，不耐低温弱光的品种更易形成逗果、僵果。所以选择优良品种，改善植株营养状况，正确使用生长素和适当疏花疏果可有效防止逗果、僵果的出现。

（4）筋腐病果。自果实膨大前期开始发生直至影响到果实成熟。靠近果皮的果肉及心室隔壁果肉中的维管束变褐、坏死，从果顶部到果洼，果实出现黑色条斑，严重时果肉的内壁变褐（称黑筋），在背光面较多，且伴随着色不良，着色不匀，有的果皮部出现白条（称白筋）。筋腐病是由于氮肥过剩，特别是氨态氮和亚硝酸态氨过多，钾相对不足，水分过多等不良土壤条件及日照不足，夜温过高等不良光温条件和枝叶过繁，果实营养不良等造成的。病毒病感染也是筋腐病的一种。种植番茄的土壤等条件可以改善，如排水良好，增加土壤通气性，少施氮肥，多施钾肥，改善温度和日照条件，及时整枝打杈、通风透光，增强光合作用、呼吸作用，使营养物质充分分配到果实中去。不同的番茄品种对筋腐病的抗性有差异，选用抗病毒病及不易发生筋腐病的品种能较为有效地防止筋腐病的发生。

（5）心腐病。心腐病症状只出现在果肉内部，靠近果实中心部出现不整齐的褐色坏死块，一般直径为2～3厘米，严重时褐色波及整个果肉。使果实品质低劣，而外部却看不出，商品出售后引起消费者不满。这样的病害也容易出现空洞果和果实着色不良。心腐病的发生，品种之间差异很大，日本的“桃太郎”就易发生。高温期的大棚番茄如秋棚番茄第1～2穗果容易发生，早熟及防雨栽培则发生较轻。发生原因还不很清楚，可能与高温期水分温度不合适而妨碍根系对微量元素的吸收有关。高温干燥，根系发育不良的植株容易发生心腐病。为防止心腐病的发生需改善植株通风透光条件，通过对土壤深耕使根系充分扩展、防止过度高温干旱、平衡营养生长和生殖生长关系、选用不易发生心腐病的品种等措施，可减轻心腐病的危害。在选种时要掰开果实，凡有心腐病的果实一定要淘汰。

（6）脐腐病。当番茄开花约15天后，果实呈核桃大小时，在果顶部会发生油浸状褐变，随着果实的迅速膨大，病斑扩大成近圆形，变黑褐并凹陷。顶部细胞组织被破坏。在此病斑上往往伴生腐生菌，先形成许多黑褐色小斑点，后连成一片，腐生发霉而腐烂，呈下陷的黑膏药状顶（果脐部）腐。此种病果先于正常果实成熟6～7天，失去商品价值。一株或一穗果中有时会出现几个脐腐病果，严重时造成番茄大量减产。脐腐病发生原因是由于生理缺钙引起的。尽管土壤中并不缺钙，但由于根系吸收不良或不能及时、足量地分配到果实中去，都会引起病症部缺钙而产生顶腐。如果土壤中大量施用氮肥，特别是氨态氮过量、钾肥过量，加上土壤干旱，就会造成土壤溶液过量，使根系不能正常吸收钙，酸性土壤和盐碱地上发生脐腐病果都较多。钙在植物体内移动缓慢，而且运转顺序是先在老叶中积存，再由老叶运往嫩叶、嫩芽，最后才运到果实，如遇高温干旱更会阻碍钙的正常运转，老叶中即使不缺钙，也不能及时运往果实中去。此时，如营养生长过旺，生长点代谢作用增强，形成大量有机酸，其中草酸对植株有毒害，草酸与钙结合成草酸钙，可使草酸失去毒性，但这一结合，又使到达果实的钙更为减少，容易造成果实顶腐。要防止脐腐病首先要改善钙吸收的不利条件，建立强大的番茄吸收根系，促进根系对钙等营养元素的全面吸收，除培育壮苗、定植少伤根外，在定植到果实膨大前期的所谓“蹲苗期”要特别注意，既要肥料充足，多中耕少浇水，提高地温，增强土壤的透气性，促使根系向深向大发展，又要避免过度高温干旱，防止过干过湿等。要适当疏花疏果，防止过多果实对钙的竞争。叶面喷 0.1%～1%的氯化钙，若再同时加入少量的维生素 B_6，以防止高温强光下形成过量的草酸，则对防止番茄脐腐病有较好的效果。

（7）显网果。显网果是果实着色时维管束变黄，残留成网眼状，果皮极薄，果肉特软。严重时果实成水浸状，通过果皮能明显看到靠近果皮的果肉中网状的维管束，这样的果实成熟后，胎座胶囊物也残留绿色，不能彻底着色。其形成的主要原因是土壤缺水，育苗时成小老苗，果实膨大期缺水，有的在果实膨大初期就果皮下凹，果肉变薄且显网。一旦造成此类伤害就很难恢复，大大降低果实品质。为防止显网果的出现要注意选择品种，培育壮苗，定植时苗龄不能过长，土壤水分管理不低于 PE2.5 以下。

（8）日烧果。当果实表面受到强烈阳光的直射，果实表面温度超过 50℃以上时，果皮及浅表果肉细胞就会烫伤致死，伤部变软发白成日烧病果，遇雨也易腐烂。直射阳光加上水分不足，或夏季连阴暴雨后强烈阳光直射，根系缺氧、吸水不良、植株衰弱，则更会加重此病发生。通过选择叶量适当的品种，适当密植，摘心时在顶部果以上留 2 片叶，以使果实有叶遮挡，土壤不能过度干旱等会减轻此病危害。

（9）裂果。裂果常见的有 4 种：纵裂、环裂、皲裂和成熟果面不规则开裂。果实纵裂出现最早，有的在果实绿熟期即在果肩部出现放射状开裂，随果实膨大，裂口加宽、加深、加长，深达果肉。裂口变黑，果肩部变硬，严重降低果实外观及品质。环裂出现在果实膨大中期至成熟期，在果肩部果洼周围呈同心圆状开裂，随果实膨大成熟而加宽、加长，深度一般比纵裂较浅，也严重影响果实外观及品质。皲裂是发生在果实肩部至中部的裂口，深度仅限于果皮，细小而多，使果实呈黑网状，影响品质程度较纵裂、环裂轻。果面不规则裂口多出现于成熟果实，由于果皮薄，韧性差，遇雨后果实内部水分急剧增多，内压加大，果皮因承受不了内压而使果皮甚至果肉开裂。果实过熟采收也会形成此类裂果。裂果与品种关系很大，一般大果形的粉果，皮薄品种容易裂果。而小果形、红果、皮厚、果皮韧性较大者裂果较轻。栽培管理上不能过干过湿，要特别防止久旱后急剧灌水。果实要及时采收。秋番茄果实在高温下膨大，果皮薄而偏紧，后期低温多水后，裂果会加重。要特别注意水分均匀，随温度降低也要适当减少灌水，以防裂果。钙、硼不足，茶黄螨危害等也易使果皮提前老化，加上水分管理不当更易裂果，所以防止裂果要从品种选择、施肥浇水、温度管理、病虫害防治等方面加以综合管理。

（10）果实着色不良。番茄果实不能正常而均匀、鲜艳地着色，发生种类和影响因素是很复杂的，与品种、温度、日照、气体危害、土壤营养包括某些微量元素的多少、病虫危害等有关。番茄绿熟期，叶绿素含量较多，类胡萝卜素较少，随着果实的成熟，番茄红素和类胡萝卜素急剧增多，叶绿素减少。在 19～24℃时最易形成番茄红素，而当温度降到 13～14℃时，番茄红素就不能正常形成，而胡萝卜素仍能形成，所以在低温或高温下番茄色泽变黄变淡，在日照不足的冬季和保护地中番茄色泽就没有露地的鲜艳。氮素过多，植株生长势强而又水分不足时，发生绿肩着色不匀。缺氮，果实着色不良，果肩黄色。缺钾，果肩黄绿色，果心部维管束木质化。缺硼，果肩残留绿色并有坏死斑等。果实着色不良要根据形态诊断，有针对性地采取措施防治。

4. 植株卷叶。进入结果期，特别是摘心后的番茄往往容易出现卷叶甚至变形。卷叶多从下部老叶开始，自封顶型更严重些。卷叶的原因多是植株叶片自然衰老，并不显别的病症，在一般情况下，并不影响番茄产量和品质。但严重过早卷叶则影响光合作用，降低产量和品质。卷叶在番茄品种之间差异很大。外界条件及栽培措施不当也会引起卷叶，如土壤过度干旱、整枝特别是初次打杈过早和过早摘心、氮肥过多而干旱、氮肥过少而株植瘦小、黄化早衰、温度过高过低、日照强度急剧变化、病毒病特别是 PVY（马铃薯卷叶病毒）等都会引起卷叶。要防止卷叶发生，就要选择不易卷叶的抗病品种，同时在土壤营养、水分及栽培管理上进行综合改善。

§7—2 番茄病理病害

番茄病理病害是指番茄植株和果实受到病毒、真菌、细菌、线虫等病原物侵染，导致植物生育不良，果实品质、产量降低，甚至绝收的病害。

一、番茄病毒病

番茄病毒病遍布全国，是番茄的重要病害。露地、保护地普遍发生，各地区各栽培季节和年份不同，发生种类和危害程度也不一样。而且病毒种群种类多，且不断有株系分化，不同病毒或株系间发生复合侵染，使各种症状表现复杂，给按症状确定病毒种类带来困难。

1. 症状。主要有花叶、蕨叶、条斑坏死、卷叶等。其中以条斑坏死影响产量最大，蕨叶、花叶、卷叶次之。如得病毒病一般减产10%～30%，严重的减产在60%以上，甚至绝收。花叶型叶片出现明脉、黄绿不同的斑驳和皱缩，表现为轻花叶或重花叶、新叶变小、细长狭窄或扭曲畸形。植株略微变矮，落花落果。果实不易长大，果面着色不均匀，呈花脸状。

（1）蕨叶型。顶芽呈黄绿色，幼叶细长，呈螺旋形下卷并自上而下叶片全部变成蕨叶状和丝叶状。植株矮化，细小簇生。中下部叶片上卷成筒状。花冠肥厚增大，形成巨大畸形花，病果畸形，果心变褐。极少坐果，坐果后也很难长大成熟。

(2) 条斑型。开始在幼嫩茎叶上发生黑褐色斑点，初期是圆形或类似椭圆形，不规则形，茎上的斑点和茎同向发展成条斑，乍看起来和急性晚疫病相似，但黑斑不深入木质部，在果实上的黑斑也不深入内部，在果面散布条形或不规则形坏死斑，呈暗褐色凹陷，油浸状。发病后顶茎、顶叶枯死，果实不适食用，甚至整株坏死，危害极重。

(3) 卷叶型。叶脉间变黄，小叶由边缘上卷成球形或扭成螺旋状，植株矮小，多丛枝，发病早，影响开花结果。

2. 病因及发病规律。番茄病毒病在我国已发现七种，分别为 T_OMV（番茄花叶病毒）、CMV（黄瓜花叶病毒）、PVX（马铃薯 X 病毒）、PVY（马铃薯 Y 病毒）、AMV（苜蓿花叶病毒）、TEV（烟草蚀纹病毒）和 TSWV（番茄斑萎病毒），其中以 T_OMV 和 CMV 为主。T_OMV 表现以花叶病状为主，但也单独或和 CMV、或和 PVX 等混合侵染成条斑坏死。T_OMV 已有 T_OMV0、T_OMV1、T_OMV2、$T_OMV1 \cdot 2$ 四个株系，大部分地区以 T_OMV0、T_OMV1 株系为主，T_OMV2 和 $T_OMV1 \cdot 2$ 株系正在发展，有上升趋势。T_OMV 在 20℃适发，35℃以上病状隐蔽。故多在冬春季发生。主要通过带毒植物活体越冬，由伤口通过汁液接触侵染。种子、土壤都可带毒，但蚜虫不传毒。土壤贫瘠、钙钾不足、追肥不足的地块发病较重。CMV 在我国已分化出轻花叶、重花叶（包括蕨叶）、黄化和坏死 4 个株系，也和 T_OMV、PVX 等复合侵染成条斑坏死，已成严重危害。适温为 25～30℃，故多在晚春、夏、秋季流行，南方以 CMV 危害为主，近年北京地区 CMV 也已超过 T_OMV，成为首位危害病毒。主要通过蚜虫刺吸汁液传播，故在高温干燥、晴朗无风的气候条件下，在近桃园瓜地，有利蚜虫迁飞时大发生。PVX 主要单独或和 T_OMV、CMV 复合侵染发生条斑病状，靠汁液传染，昆虫不传毒。PVY 主要在气温较高的南方和北方高温季节发生，易造成卷叶和落花。温室白飞虱为传毒介体，汁液接触不传毒。

3. 防治方法。

（1）选用抗病品种。参见第四章，凡是对 T_OMV 和 CMV 都有较强抗性的品种，田间发生条斑病也较少。选用抗病品种是防治病毒病的首要措施。

（2）栽培防病。

1）实行与非寄主作物如番茄、茄子、辣椒、菸草等间隔 3 年以上轮作。

2）播种前可用 10%磷酸三钠浸种 20 分钟，然后再充分洗净等方法进行种子消毒。

3）培育壮苗。深翻土地、水肥充足，使秧壮抗病。

4）拔除病株，进行无毒农事操作，及时防治蚜虫和白飞虱等传毒昆虫等。

（3）运用生物和药剂防治。

1）生物防治。用卫星病毒 S_{52} 或弱毒疫苗 N_{14} 100 倍液，苗期人工接种抑毒，定植前后各喷 1 次 NS-83 增抗剂 100 倍液，兼有抗病增产作用。

2）药剂防治。在发病初期喷 1.5%植保灵 1 000 倍液，或 20%病毒 A 可湿性粉剂 500 倍液，或抗毒剂 1 号 300 倍液等，喷洒次数根据病情决定。

二、番茄黄化曲叶病毒病（TYLCY）

番茄黄化曲叶病毒病是近几年来在我国番茄产区频发的新病害，从南向北迅速扩展，目前已经蔓延到河北省及北京市地区，严重影响番茄产量，通常病株率约为25%，重者高达95%以上，幼苗受害造成的损失可达100%。该病爆发性极强、扩展迅速、危害性大、难以治疗，是一种毁灭性的番茄病害。

症状特点：番茄开花前受侵染危害极其严重，典型症状是病株严重矮化，枝条直立丛簇，叶片明显变小、粗糙、增厚、皱缩、边缘鲜黄色、脉间黄色、向上卷曲呈杯、盘状，植株顶部似菜花状；病株大部分花穗凋萎，花蕾脱落、或不开花结实、或结很少的小果。结果期才遭感染，其危害相对较小。

1. 病原菌。番茄黄化曲叶病毒病的病原是番茄黄化曲叶病毒（TYLCV），由嫁接、扦插和烟粉虱，特别是B型烟粉虱传毒，嫁接发病率在90%以上，汁液、种子、蚜虫均不能传播。

2. 发生特点。该病易于暴发与流行，B型烟粉虱的若虫和成虫刺吸番茄等寄主植株的汁液，造成植株衰弱、干枯，并分泌蜜露，诱发煤污病；更为严重的是在刺吸寄主汁液过程中传播病毒。该虫一旦获得毒性，可连续传毒20天以上。因此，即使田间烟粉虱虫口密度低，仍具有传毒威胁。

由于全球气候明显变暖，给B型烟粉虱创造了适宜的繁育条件，再加上我国冬暖式蔬菜日光温室和塑料大棚面积迅猛增长，并且多半种植番茄、黄瓜等寄主植物，一年四季都为烟粉虱提供了充足的繁殖场所和丰富的食物来源。另外，我国种植的番茄品种全部感病，病毒变异又快，新、旧病毒株系复合侵染极易引起病害的大发生、大流行。

3. 防治方法。

(1) 培育抗病品种是根本。培育抗病品种始终是农业生产上防病减灾的主要途径，特别是对于病毒病这类尚无药剂防治的病害显得尤为重要。近几年，亚洲蔬菜研究中心相继推出了几个耐病品系，其中 H24 耐 TYLCV 和 ToLCV（番茄曲叶病毒），已被多个育种单位利用。据报道小果型番茄如亚蔬 6 号、台蔬 11 号、亨氏 9888 表现出稍强的耐病性。

(2) 培育无病虫苗是关键。番茄植株受害越早发病越重，因此，培育无病虫苗是防治烟粉虱及 TYLCV 的关键措施。选择远离烟粉虱和病毒病发生的区域育苗，育苗地适当集中，以便联防联治。夏秋季的苗棚覆盖 60 目的防虫网，通风口及缓冲门也必须安装防虫网。不宜过早定植，定植时要严格淘汰有虫苗和病苗。最好定植棚也覆盖防虫网，到结果期再拆除。

(3) 栽培防病措施不放松。连栋大棚内品种避免混栽，避免与茄科、葫芦科、豆科、十字花科蔬菜邻作或连作，以切断食物链。邻近番茄的地块可种植非易感的甘蓝、马铃薯、玉米、高粱等作物。及时、彻底清除田间及周边杂草、病叶、虫叶和老叶，集中销毁。清棚后密闭大棚，用敌敌畏、甲醛等农药熏蒸杀灭残存成虫。收获后及时耕翻土地可以减少下茬烟粉虱的数量。

(4) 及早施用内吸性杀虫剂。棚室内育苗阶段、春季烟粉虱从棚室向外迁移前和秋季从露地向棚室内迁移期是防治的重要时期。育苗前可用药剂杀灭遗留在土壤中的烟粉虱若虫及伪蛹，以后根据虫情进行喷药或熏蒸防治。详情可参考粉虱药剂防治部分。

三、番茄猝倒病

1. 症状。番茄猝倒病又叫掐脖子病，严重时成片倒苗死亡。黄瓜、茄子、辣椒、甘蓝等多种蔬菜都会发生此病。猝倒病以危害幼苗为主，发病开始在下胚轴近地表处产生黄褐色水浸状病斑，后向上延伸，使苗缢缩成线状而倒伏死亡。若胚芽受害则造成烂种。

2. 病因及发病规律。由腐霉属真菌引起，腐生性强，可在肥沃土壤中长期存活。种子和土壤带菌。当苗床土温低于 15℃、湿度过大、光照不足、播种过密、防风不当、苗生长弱时易发生。猝倒病可通过雨水、灌溉传播，严重时残体周围土壤表面长一层棉絮状白霉，逐渐扩展对作物造成危害。

3. 防治方法。

(1) 加强苗床管理。选地势高燥、排水良好、肥而无病田建苗床或用无病新土养苗。可用 55℃温汤浸种并不停搅拌 10～15 分钟等方法来消毒种子。最好用无病基质配方营养土苗钵育苗。并注意防寒保温，播种水浇透后，在分苗前尽量不再浇水，及时通风透光，防苗徒长变弱。

(2) 药剂防治。土壤可用 40％五氯硝基苯，每平方米床土拌 8～10 克消毒。发现病株及时拔除并撒草木灰，及时喷 75％的百菌清可湿性粉剂 600 倍液或 70％代森锰锌可湿性粉剂 500 倍液或 64％杀毒矾可湿性粉剂 500 倍液等，每隔 7 天左右喷 1 次。

四、番茄立枯病

1. 症状。番茄立枯病俗称霉根，各地均有发生。整个苗期均可发生，以苗中后期为多。先在茎基部产生圆形或椭圆形暗褐色病斑，病斑明显凹陷，病苗白天萎蔫，晚间复原，随病斑扩大使茎周缢缩而干枯死亡。一般不倒伏，在潮湿时病部只有稀疏淡褐色蛛网状菌丝，并不明显。

2. 病因及发病规律。番茄立枯病由丝核菌属真菌引起。以菌丝体和菌核的形式在土壤或植株残体越冬，条件合适时侵染新苗。该菌腐生性强，在土壤中存活 2～3 年，通过雨水、灌溉传播，在 17～28℃高温、高湿环境下最宜发生，气温为 12～13℃也能侵染。气温忽高忽低，通风不良，幼苗徒长时易得此病。

3. 防治方法。参照猝倒病防治方法。

五、番茄叶霉病

1. 症状。番茄叶霉病俗称黑毛，是温室、塑料大棚等保护地发生的主要病害，在多雨年份，此病害在露地也会发生。番茄发生此病一般会减产 20%～30%。该病只侵染番茄，以侵染叶片为主，严重时茎、花、果实也受害。初期先在叶背面显示界限不明的椭圆形或不规则形淡绿色病斑，后生出灰白色至紫灰色霉状物，叶正面呈浅黄色褪绿斑，严重时也长出暗褐色霉层，多从下部叶开始发病向上伸延，随病斑扩大和病叶加多，整株叶片卷曲变黄干枯，花器凋萎，幼果脱落，青果果面生近圆形较硬凹病斑，不适食用。

2. 病因及发病规律。病原为半知菌亚门枝霉属褐孢霉（或黄枝霉）真菌。病菌以菌丝体或分生子孢子的形式在病残体和种子中越冬，次年通过气流、种子传播蔓延。在保护地中番茄受害，可使病源周年不断。气温 22℃，空气相对湿度在90%以上，发病极快；气温20～25℃易发病；气温9～34℃，空气相对湿度在80%以上也可发病；气温高于35℃，空气相对湿度低于80%可抑制发病。保护地番茄在4—5月和10—11月，遇光照不足，通风不良时，1～2周内可使整个棚室植株黄枯，造成栽培失败。在露地遇阴雨连绵而又排水不良、植株过密，多年连作之地很易发病。叶霉病的生理小种多、变化快是其特点，目前北京已发现1·2·4、1·2·3·5和1·2·3·9等10个生理小种，给利用抗病品种的育种带来困难。

3. 防治方法。

（1）根据当地叶霉病的生理小种分化情况选用抗病品种。参见第四章。

（2）栽培防病。从无病植株采种、播前采用温汤浸种等方法消毒。不连作番茄，与瓜、豆、葱、蒜等3年以上轮作。增施腐熟有机肥、增施磷钾肥、合理密植、及时排水、保护地内高畦定植、加强通风、及时摘除病叶老叶、减少菌源密度等。

（3）药剂防治。可喷50%多菌灵或65%代森锌可湿性粉剂500倍液，或75%百菌清可湿性粉剂、60%防霉宝超微粉剂各600倍液，或2%武夷霉素“BO-10”水剂150～200倍液，或45%百菌清烟雾剂，每亩用250～300克熏烟，或用5%百菌清粉尘剂、7%叶面净粉尘剂、10%敌托粉尘剂，每亩每次喷粉1千克。熏烟式喷粉后，要封闭棚室过夜。以上药剂每隔7天喷1次，轮换施用，且喷匀全株及正背叶面。

六、番茄灰霉病

1. 症状。番茄灰霉病是保护地栽培的主要病害之一，目前还无抗病品种，主要危害果实。番茄发生此病，一般会减产 20%～30%，甚至 50%以上。病菌多从青果残留的花瓣、柱头或花托侵染，逐渐向果实的果梗扩展，病部果皮呈灰白色水浸状，易变软腐烂，后期产生灰色至灰褐色霉层。从脐部侵染时，病斑呈灰褐色，边缘一圈深褐色果实脱落或失水僵化，果实间相互感染，往往易成片烂果，损失惨重。病菌侵染幼苗，病部呈灰褐色，长满灰霉，易引起茎叶腐烂。成株叶片病斑由边缘向里成楔形发展，在淡褐色水浸状病斑上有深浅相间的轮纹，表面长有灰霉，叶片枯死。

2. 病因及发病规律。番茄灰霉病是由真菌半知菌亚门葡萄孢属的灰葡萄孢菌引起。以菌核在土壤里或以菌丝及分生孢子在病株残体里越冬。低温高湿易发病。温度为 20～30℃，空气相对湿度在 95%以上最易发病，温度为 2～31℃病菌可发育。北方露地由于有春旱和夏季高温故不易发病，但在保护地中，特别是日光温室在 11—12 月，加温温室在加温前、停火后，塑料大棚在开始放风时，由于环境温暖潮湿、昼夜温差大、室内结露重，其分生孢子会借助气流、棚室滴水、灌水潮气等从寄主开败的花器、伤口、坏死组织或表皮侵入而发病，并可再侵染而扩大传播。植株过密，生长过旺，连天阴雨，降温、放风不及时，室内湿度过大，均有利于灰霉病的发生。番茄沾生长素后，长期保留花瓣、花柱，更易诱发侵染。近年发现两种灰霉病不常见症状：病菌由果面直接侵入，形成外缘白色、中央绿色，直径3～8毫米的“花脸斑”；由土壤中存留病菌直接侵染番茄茎基部，初为水浸状斑，后逐渐扩大，可绕茎一周并生成大量灰色霉层，使茎部腐烂。晴天中午部分叶片萎蔫，早晚恢复，最后整株枯黄，倒伏死亡。在重茬地及老棚中多发，并有加重趋势。

3. 防治方法。

（1）控制棚室温湿度加强栽培管理。上午升至33℃开始放风，下午降至20℃时必须闭风，使夜温维持在15～17℃。施足底肥，使之长成壮苗壮秧。避免阴天浇水，浇水后及时防风排湿。发病后控制浇水或淋浇滴灌，摘除病叶病果，清理田园，对残体高温沤肥或深埋，生产操作时防止整枝、沾花传病等。

（2）抓早抓准时机药剂防治。定植前、缓苗后及开花期各喷1次杀菌剂，且全株喷匀。沾花稀释液里加50%多菌灵500倍液，或50%速克灵2 000倍液，随同沾花使用。如劳力许可，沾花后如能将残留花瓣柱头去掉，则效果更佳。在浇催果水或发病初期，可再喷药，除上列药剂外，还可用50%扑海因可湿性粉剂1 000倍液，70%甲基托布津可湿性粉剂1 000倍液。也可用45%百菌清烟雾剂或10%速克灵烟雾剂每次每亩250克或每100立方米空间用3%噻菌灵烟雾剂50克。这些烟雾剂可于傍晚，分几处点燃，也可在傍晚用5%百菌清复合粉剂或10%灭克粉尘剂，每次每亩1千克，用丰收5型喷粉器调至每分钟20转或用丰收10型调至每分钟50转喷粉，后封闭棚室过夜，每隔7～10天喷1次，在浇催果水前后喷2～3次。

七、番茄晚疫病

1. 症状。番茄晚疫病又叫疫病，只危害番茄和马铃薯。在冷凉多雨高湿情况下来势凶猛，发展极快，3～4 天可使全田一片黑枯，濒于绝收。番茄幼苗、叶片、茎、果实均可发病，多从下部叶片开始，从叶缘形成暗绿色水浸伏 V 形病斑，扩大后呈褐色，潮湿时边缘生白霉，干后斑呈青白色，脆而易破。青果病斑开始呈油渍状暗绿色后变黑褐色，稍硬凹陷，病斑边缘呈云纹状并生白霉、腐烂。幼苗、茎发病会萎蔫折倒。

2. 病因及发病规律。番茄晚疫病是由鞭毛菌亚门疫霉属疫霉菌引起的真菌病害。主要以菌丝体的形式在温室番茄或马铃薯块茎上越冬，或以厚垣孢子形式在落入土中的病株残体上越冬，翌年再侵染。染病后形成中心病株，产生大量孢子囊释放游动孢子，随气流、雾露、雨水等迅速传播，在温度为 18～22℃，空气相对湿度为 95%～100% 时，几天内可全田发病。春季温室停火后，秋季温室加温前，由于日夜温差大（10～23℃）、结露时间长，此病往往容易流行。露地遇春季降雨早、雨日长、雨量大易发此病，特别是秋雨连绵、地势低洼、排水不良、雾多结露时更易发此病，肥料不足、长势弱或偏施氮肥而徒长的田区，也极易流行此病。

3. 防治方法。

（1）栽培防病。番茄不与马铃薯地连作，隔 3～4 年再种。番茄也不与马铃薯邻作。选地势高燥、排水良好地种植，施足基肥等增强株体抗性，合理密植，通风透光，保护地及时放风排湿，避免叶面长时间结露等。在易发病期，经常检查田间，发现中心病株立即施药。

（2）药剂防治。在病株率不到1%时就将病叶摘除，放塑料袋中带出室外或田块，立即喷72%克露可湿性粉剂500倍液，或25%甲霜灵或58%甲霜灵锰锌或65%代森锌可湿性粉剂500～600倍液，或40%乙磷铝或40%疫霉灵可湿性粉剂200～250倍液。棚室可用45%百菌清烟雾剂每亩250克熏烟，或用5%百菌清复合粉每亩1千克喷粉后封棚过夜，轮换用药，每隔7～8天喷1次，视病情连喷3～4次。

（3）选用抗病品种。目前亚洲蔬菜研究发展中心已有抗晚疫病较好的品系，已接近商用。参见第四章。

八、番茄早疫病

1. 症状。番茄早疫病又称轮纹病或夏疫病。此病在露地、保护地普遍发生，危害严重。一旦发生此病，会减产20%～30%，有时达50%以上。此病还危害茄子、辣椒、马铃薯等茄科蔬菜。以害叶为主，茎、果也可发病。叶片最初为水渍状暗褐色，近圆或不规则形病斑，有同心轮纹。从下部叶向上发展。茎上病斑多在分枝上，色发灰，形近椭圆，稍有凹陷，故纹理不明显，重时有黑霉并断枝。青果病斑从蒂部和裂缝处发生，近圆形，稍陷发硬，有黑霉。

2. 病因及发病规律。病原是真菌半知菌亚门链格孢菌属的茄病链格孢菌。主要以菌丝体和分生孢子的形式在病株残体土壤中及种子上越冬，翌年侵染。借气流或流动水传播，高温高湿利于发病，一般气温为15℃，空气相对湿度为80%以上开始发病；气温为20～25℃，多雾连阴雨天迅速蔓延。多在结果初期发生，盛果期危害严重。栽培中光照不足、氮肥过多、浇水过勤、通风不良、土壤黏重、排水不良、密度过大、贪青徒长时容易发病。

3. 防治方法。

（1）选用抗病品种。参见第四章。

（2）加强栽培防病。将无病植株和果实留种，播前用温汤浸种消毒，拉秧后清理田园，与非茄科蔬菜间隔两年轮作。配方施肥、合理密植。棚室调节不使高温高湿，保持叶面干爽。露地防止大水漫灌，及时中耕。雨后排水等。

（3）药剂防治。用 5%百菌清复合粉剂每亩 250 克喷粉，45%百菌清烟雾剂每亩 250 克熏烟，闷棚过夜。茎部病斑涂 50%扑海因或 75%百菌清可湿性粉剂 200 倍液，或 70%代森锰锌可湿性粉剂 100 倍液，或 65%代森锌 500 倍液。接近发病前，用 50%扑海因 1 000～1 500 倍液，50%多菌灵、58%甲霜灵锰锌、60%杀毒矾可湿性粉剂 500 倍液等喷雾。每隔 7～8 天用 1 次，连用 2～3 次。

九、番茄斑枯病

1. 症状。番茄斑枯病俗称白星病、鱼目斑病，也危害茄子等茄科蔬菜。生育全期植株各部均可发病，但开花结果期危害叶、果最重。生在叶背产生水渍状小圆斑，以后叶的正反面都成近圆形，中央为灰白色，周围绿褐色病斑，表面散生小黑点，后期穿孔。病叶由下而上蔓延，严重时下中部叶片枯黄脱落。茎斑椭圆形，果斑圆形，病斑褐色稍陷，有小黑点。

2. 病因及发病规律。病原为半知菌亚门壳针孢属番茄壳针孢菌的真菌，主要以分生孢子器和菌丝体在残株、种子和茄科杂草上越冬。借气流、风雨传播。病菌极限温度为 15～34℃，在温度为 20～25℃，空气相对湿度近于饱和时，发病最快。番茄开始坐果时，遇光照不足，连续阴雨，温暖潮湿，底肥不足，势弱徒长时极易发病。10 天左右可蔓延流行。

3. 防治方法。

(1) 选用抗病品种。

(2) 加强栽培防病。在无病田采种，种子播前用温汤法等消毒。用无病配方营养土育苗，用豆科、禾本种作物轮作 2～3 年。高垄栽培、合理密植、增施磷钾肥使植株健壮，及时整枝打杈清除下部病叶、老叶，雨后排水、中耕松土等。

(3) 药剂防治。参照番茄早疫病防治方法。

十、番茄绵疫病

1. 症状。绵疫病又叫褐色腐败病，俗称番茄“掉蛋”。属高温高湿烂果病害，也可造成苗期死亡，多在近成熟果实肩部至近果顶处产生浅褐色病斑，表面光滑，后期色变深褐，成同心轮纹，果肉变褐但不软化变形，湿时长灰白色霉层，果实脱落。叶片着生大型褪绿斑，有时出现同心轮纹，水渍状腐烂。

2. 病因及发病规律。是真菌病害，由鞭毛菌亚门疫霉菌属的寄生疫霉、茄疫霉、辣椒疫霉等几种疫霉菌引起。主要以厚垣孢子或卵孢子形式随病残体在土中过冬，温度为 8～38℃时可发病，特别是温度为 30℃，空气相对湿度在 95％以上最易发病。此外，土壤黏重、低洼积水、定植过密、连年重茬、高温高湿、7—8 月连阴雨后转晴，极易暴发此病。

3. 防治方法。

（1）栽培防病。选高燥沙壤土种植，与非茄科蔬菜3年以上轮作，盖地膜防雨水和灌水反溅；精细管理使株壮抗病，棚室适时防风降温排湿，拉秧后及时清理田园等。

（2）药剂防治。在雨季刚见病时，喷40%乙磷铝可湿性粉剂250倍液；或64%杀毒矾、58%甲霜灵锰锌、60%DTM可湿性粉剂500倍液；或50%甲霜铜可湿性粉剂600倍液；或72.2%普力克水剂800倍液等。每隔7～8天喷1次，连喷2～3次，遇雨及时补喷。

十一、番茄白绢病

1. 症状。番茄白绢病是我国东南沿海、华中、华南等高温高湿地区番茄的重要病害，茄科、豆类、瓜类等各种蔬菜也易发此病。多在茎基部先发病，形成暗褐色病斑，稍凹陷，生白绢丝状菌丝，集结成束向茎上部扩伸，下部菌丝沿茎四周在湿地上发展，造成茎和根腐烂、木质部外露、叶黄株蔫、成片枯死。后期在菌丝上生褐色或深褐色菜籽状圆小菌核。

2. 病因及发病规律。番茄白绢病是真菌病害，由担子菌亚门薄膜革菌属薄膜革菌引起。以菌核的形式在土壤中，以菌丝的形式在残株中越冬。菌核在土壤中可存活5～6年，但淹水3～4个月即死。菌丝由根茎部伤口或表皮入侵，随灌水、雨水、农具等传播。在温度为32～33℃高温、高湿、pH值5.9环境下最易发病。

3. 防治方法。

（1）栽培防病。与水田1年或与小麦、玉米等4～5年轮作。清理田园，整地前每亩撒石灰粉75～100千克后深翻。及时拔除病株，并在穴内撒石灰粉或灌45%代森铵水剂 250 倍液 250 毫升。

(2) 药剂防治。发病后在病株周围撒五氯硝基苯药土，即 70%五氯硝基苯粉剂 1 千克加细土 30～50 千克拌匀，每亩用药 1～1.5 千克。15 天 1 次，连撒 2 次。每隔 7～10 天喷 1 次 20%三唑酮乳油 2 000 倍液或 35%甲基托布津悬浮剂 500 倍液或 50%混杀硫悬浮剂 500 倍液等，至控制病情为止。

十二、番茄菌核病

1. 症状。番茄菌核病在全国普遍发生，还危害叶菜、果菜、根菜类等多种蔬菜，是低温、高湿病害。茎、叶、果均能发病。菌从叶缘侵入，产生水渍状淡绿斑，湿时长白霉，呈灰褐色，随后病斑迅速扩大，叶片死亡。病菌从叶柄基部侵入茎内，茎部病斑上下发展，呈灰白色，表皮纵裂，边缘呈水渍状，在茎内外产生菌核，严重时植株死亡。果梗病斑入侵青果，成水烫状，也生菌核。

2. 病因及发病规律。番茄菌核病是真菌病害，由子囊菌亚门的核盘菌引起。该菌菌核随残体入土或混在种子中越冬、越夏，可在土中存活 1～3 年。菌核萌发成子囊盘，开盘后释放子囊孢子，并借气流、风雨传至老叶和花瓣。温度为 0～35℃时，孢子萌发、菌丝生长；温度为 15～22℃，空气相对湿度为 85%以上，有光照条件下，该病菌最适生长。菌核抗逆性很强，无明显休眠期，特别是在早春、晚秋季节，番茄菌核病极流行。

3. 防治方法。

(1) 栽培防病。清理田园，深翻土地，将菌核埋至 10 厘米以下。用配方营养土培育无病壮苗。防止大水漫灌，雨后排水，中耕除草。棚室避免连续低温潮湿，覆盖地膜等。

（2）药剂防治。棚室宜用熏烟和喷粉等无水施药，傍晚用10%速克灵烟雾剂，每亩250克，或用10%灭克复合粉剂或5%百菌清粉尘剂每亩1千克喷粉，每隔7～8天喷1次。也可在发病初期及时喷80%多菌灵可湿性粉剂，或40%菌核净可湿性粉剂500～600倍液，或50%苯菌灵可湿性粉剂1 500倍液，或50%扑海因可湿性粉剂1 500倍液，或50%速克灵可湿性粉剂2 000倍液等，每隔7～8天喷1次，连喷3～4次。

十三、番茄枯萎病

1. 症状。番茄枯萎病又叫萎蔫病。近年有扩大危害之势。病叶自下而上变黄变褐但不落叶，茎部自下而上凹陷。也有的半片叶、半边茎枯黄，另半部正常，茎、叶柄、果柄内部维管束变为褐色。湿度大时，茎外长粉红色霉层。切茎挤压，无菌脓滴出，可与青枯病相区别。

2. 病因及发生规律。番茄枯萎病是真菌病害，由半知菌亚门镰刀菌属尖镰孢菌番茄专化型引起，只危害番茄。菌丝体和厚垣孢子在残株和种子中越冬，由根端和伤口或带菌种子萌发直接进入株体，是重要土传病害。在土温21～33℃下均可发病，但以28℃最适。土壤肥松、根系发达、植株健壮、地下害虫少时，发病轻。

3. 防治方法。

（1）选用抗病品种。我国目前只发现枯萎病生理小种1，许多品种含Ⅰ-1基因，达到抗病级。选用抗病品种是防治该病最有效、最经济而无公害的措施。

（2）栽培防病。在无病田或无病株采种，从市场上购得的种子用0.1%硫酸铜液浸种5分钟后，洗净或用50%克菌丹可湿性粉剂（用量为种子干重的0.3%～0.4%）拌种后，立即播种。苗床消毒用50%多菌灵或50%甲基托布津可湿性粉剂每平方米撒8～10克。也可制成药土播种时下铺上盖。与其他作物实行3年轮作。多施有机肥，如鸡粪、蟹壳类几丁质，增强植株抗性等。

（3）药剂防治。发现零星病株时用12.5%增效多菌灵可溶性粉剂或10%双效灵水剂200倍液每株灌100毫升，每隔7～8天灌1次，连灌2～3次或用50%多菌灵可湿性粉剂或36%甲基硫菌灵悬浮剂500倍液，每隔7～8天喷1次，连喷3～4次。

十四、番茄黄萎病

1. 症状。黄萎病是温带及亚热带重要土传病害。危害蔬菜花卉园林大田等200余种作物。番茄黄萎病由植株下部向上发展。叶片发黄，叶缘坏死，整叶枯萎。病株根茎维管束有黄褐色及棕褐色条纹。挤压无白色黏液溢出，有别于青枯病。开始植株白天萎蔫，夜间恢复，反复数日死亡。

2. 病因及发生规律。番茄黄萎病由轮枝孢属真菌引起，该菌可在残体上或单独在土中过冬，可存活8年之久。其微菌核、菌丝、分生孢子都可侵染。菌离根后才传染，该菌可通过操作中造成的断根、伤口及线虫、空气、水、种子来扩散。土温21～25℃、湿度较高、pH值中性偏酸及叶内高氮低碳时，番茄黄萎病易流行。

3. 防治方法。

（1）选用抗病品种。参见第四章。

（2）栽培防病。选无病株留种，清理田园，与不易受侵染的甘蓝类、葱蒜类、豆类、玉米等轮作 3～4 年，保护地温度保持 25℃以上，可控制病害。

十五、番茄青枯病

1. 症状。番茄青枯病又称细菌性枯萎病，是我国南方重要病害，还危害茄子、辣椒、马铃薯、萝卜等蔬菜。常在坐果初期上部叶片开始萎蔫下垂，接着下部叶片凋萎，最后中部叶片凋萎。整株白天萎蔫傍晚恢复，3～7 天即青枯死亡。切断茎部可见维管束变褐，用手压切口可见滴出乳白色菌脓黏液。

2. 病因及发病规律。番茄青枯病由细菌中的青枯假单胞菌引起，该菌在土中的植株残体上越冬或直接腐生越冬，存活 14 个月左右，有时长达 6 年。随雨水、灌水，由根系、茎基伤口侵入维管束。土温在 10～41℃均可发病，但 30～37℃最适。当土温为 22～27℃，土壤田间持水量超过 25%，pH 值 6.6 时发病最重。我国番茄青枯病菌以生理小种 1，生化型Ⅲ危害最重。临夏高温、连续降水转晴后，加上植株不壮、多年连作、中耕伤根、低洼积水、土壤偏酸等易成此病流行高峰。

3. 防治方法。

（1）选用抗病品种。我国通过科技攻关，对此病育种有突破性进展，品种参见第四章。

（2）栽培防病。采取水旱轮作或与禾谷类、瓜类作物轮作 4～5 年。多施有机肥，酸性土可每亩加 50～100 千克石灰粉调至微碱性。调整播期，充分利用早春、冬、晚秋等冷凉季节，躲过高温多雨的夏季。加强田间管理，如用无菌配方营养土育苗，高垅定植，避免漫灌，雨后排水，松土但不伤根，增施磷钾肥，配方施肥，拔除病株，清理田园，甚至用抗青枯病砧木嫁接栽培等。

（3）生物和药剂防治。定植时用番茄青枯病菌拮抗菌NOE-104和MA-7菌液浸根。发病初期用50%敌枯双可湿性粉剂800～1 000倍液灌根，72%农用硫酸链霉素可溶性粉剂1 000倍液，77%可杀得可湿性微粒粉剂400～500倍液，50%DT可湿性粉剂400倍液及25%络氨铜水剂500倍液灌根，每株300～500毫升，每隔8～10天灌1次，连灌2～3次。

十六、番茄疮痂病（番茄细菌性斑点病）

1. 症状。番茄疮痂病是高温高湿细菌性病害，也危害青椒。全株都能发病，先在植株下部叶面产生水浸状小斑点，后成近圆形褐斑，有时有黄色晕环。茎斑不规则，开裂时呈黄褐色疮痂状。青果初生隆起小白点，后外缘成暗褐色隆起环，呈疮痂状。

2. 病因及发病规律。番茄疮痂病由野油菜黄孢菌的疤病黄单孢杆菌引起。该菌在土中植株的病残体上越冬或种子带菌越冬。随气流、雨水、昆虫、种子传播，从气孔或伤口入侵。气温为5～40℃可发病，但以21～28℃及27～30℃适发。气温为56℃环境下10分钟细菌即死亡。夏季高温、连阴暴雨、蛀虫重、连作田、管理粗放、追肥不及时，植株衰弱易发病流行。

3. 防治方法。

（1）栽培防病。与非茄科蔬菜进行2～3年轮作。用55℃温水浸泡种子10分钟，进行消毒。底肥充足，合理密植，打底叶除病果，防虫害，拉秧后清理田园等。

（2）药剂防治。发病初期喷新植霉素 5 000 倍液或农用硫酸链霉素可湿性粉剂 4 000 倍液或 50%DT 或 77%可杀得可湿性粉剂 500 倍液，每隔 7～10 天喷 1 次，连喷 2 次，视病情来定。

十七、番茄细菌性斑疹病

1. 症状。叶片产生不规则形深褐色斑点，外缘有黄色晕圈。幼果上斑点隆起，果红时斑点周围仍绿较长时间，茎、叶柄出现暗褐色斑点。

2. 病因及发病规律。病原为丁香假单胞菌番茄叶斑致病型细菌。在病残体及种子中带菌越冬，随雨水、灌水、病苗、整枝、采收等传播。在低温多雨或冷凉湿润条件下，叶面湿润 24 小时最易发病。

3. 防治方法。

（1）避免喷灌及清除菌原。采用滴灌或沟灌，及时中耕保墒。清理田园，残体高温堆肥，无病田留种和配方营养土无菌育苗等。

（2）药剂防治。病初发时，选 50%DT 或 77%可杀得可湿性粉剂 500 倍液喷雾，或 14%络氨铜水剂 300 倍液或 1∶1∶200 倍波尔多液等，每隔 8～10 天喷 1 次，视病情连喷 2 次。

十八、番茄溃疡病

1. 病症。番茄溃疡病具有很大危险性，已在北京、河北、山西、山东、辽宁、内蒙古、云南等地局部发生，通常导致减产 25%～75%，应严加防范。苗期感病则生长慢，叶片稍卷，全株发黄枯萎死亡。成株期发病，下部叶片萎蔫下垂、皱缩并黄褐干枯，常有不规则半叶黄萎。茎秆和叶柄上产生黄色或黑色狭长条斑，上下扩展。茎髓部中空呈褐色，甚至下陷开裂，潮湿时溢出白色菌脓，最后失水枯死。幼果发病后皱缩畸形，青果表皮产生略隆起小圆病斑，外圈白色，中心褐色粗糙，呈鸟眼状。茎部病斑与条斑病毒相似，但条斑病毒植株的茎、髓不中空变褐，可以区分。

2. 病因与发病规律。病原为密执安棒杆菌番茄溃疡病致病型细菌，在病残体及种子中带菌越冬，可存活 2～3 年。靠种子远距离传播，靠雨水、气流、灌水、田间操作及昆虫伤口入侵。气温 1～33℃可发病，25～27℃最适。露地番茄在气温偏高，连续降雨、暴雨时易发溃疡病，保护地温暖潮湿结露时间长，使用喷灌等易发溃疡病。

3. 防治方法。

（1）严格种子检疫，禁止在疫区采种、外运果实产品等。

（2）栽培防病。用无病种子或温汤浸种消毒或 70℃干热灭菌 72 小时，或用硫酸链霉素 200 ppm 浸种 2 小时或 5%盐酸浸种 5～10 小时后清水洗净。用无病营养土培育无病苗，早期拔除病株，撒石灰于病穴消毒。与非茄科蔬菜 2～3 年轮作。

（3）药剂防治。可用金霉素或土霉素 50～100 单位或农用链霉素加 10%土霉素 200～400 单位灌根。其他药剂参照番茄疮痂病防治方法。

十九、番茄根结线虫病

1. 症状。番茄根结线虫病病原为线虫，是重要的土传病（虫）害，随保护地蔬菜发展，虫源不断，扩展较快，极应重视。根结线虫寄主广泛，黄瓜、辣椒、白菜受害都重。主要危害植株根部，形成大小、数量不等的根瘤。苗期受害生长受阻，矮小变黄，不能定植。成株生长发育不良、矮小、早衰、中午萎蔫、早晚恢复，严重时因根部巨大肿瘤，破坏根系功能，致使植株缺水枯死。

2. 病因及发病规律。病原有南方根结线虫、北方根结线虫、甘薯根结线虫、爪哇根结线虫等。近年检测结果，北京以南方根结线虫为主，占 67.8%，还有少量爪哇根结线虫。主要以卵或 2 龄幼虫随根瘤在土中越冬，一般可存活 1～3 年，随土壤、病苗和灌水传播。在土温为 25～30℃，土壤田间持水量为 40%左右，线虫发育最快。土温在 10℃以下，线虫停止活动。土温为 55℃时，线虫 10 分钟即可致死。地势较高的干燥沙壤土及连年重茬地易发病，且越来越重。

3. 防治方法。

（1）选用抗病品种。目前，我国正在攻关选育抗线虫新品种，请根据最新报道选用。也可利用抗线虫番茄砧木品种嫁接栽培。

（2）栽培防病。

1）用无线虫配方营养土育苗。

2）进行土壤消毒。

①结合深翻高温闷棚。根结线虫生活在 3～9 厘米浅土层，在高温期深翻 20 厘米，灌透水，用薄膜严盖土壤或用

切碎的稻草和生石灰每亩各 500～1 000 千克与土壤混匀，灌透水，严盖薄膜 10～30 天并将棚室薄膜或玻璃盖严，使土温升至 60℃以上可杀死根结线虫。

②土壤蒸气消毒。在高温季节，深翻土壤 20 厘米，严盖厚薄膜，将高压蒸气用管通入土中，使土温达 80～90℃，保持 8 小时以上。

③每 12 平方米用罐装溴化钾一罐，每亩用 56 罐均匀放入上述薄膜下，压开罐孔放气蒸熏土壤，保持 4～7 天，开膜后 7～16 天可以种植。

3）不与番茄、黄瓜、甜椒等重要寄主连作，与葱蒜类及大田作物 2～3 年轮作。

4）可采用无土栽培法。

（3）药剂防治。用爱福丁乳油 500 倍液灌根或用 5％粒满库颗粒剂，每亩撒施或穴施 10 千克或用 50％辛硫磷乳油 1 500 倍液灌根，每株用 250～500 毫升，每隔 7～8 天灌 1 次，连灌 2 次。

§7—3　番茄虫害

一、粉虱

危害我国蔬菜的粉虱主要有温室白粉虱（俗称小白蛾）和烟粉虱，属同翅目，粉虱科。它们为多食性害虫，常混合发生，直接刺吸黄瓜、番茄、茄子、甜瓜、西葫芦等多种蔬菜汁液，并分泌蜜露而诱发霉污病。烟粉虱有二三十种生物型，其中 B 型烟粉虱（又称银叶粉虱）具有更广的寄主范围、取食更多的汁液、分泌更多的蜜露、更多的产卵量、传播更多的病毒和更高的传毒效率等特点，是许多蔬菜病毒病的重要传毒介体，尤以传播双体病毒组的病毒最甚，最突出的是传播番茄黄化曲叶病毒。

1. 危害特点。

(1) 温室白粉虱：成虫和若虫群集在叶片背面，口器刺入叶肉，吸取植物汁液，造成叶片褪绿枯萎，果实畸形僵化，引起植株早衰及减产，并分泌大量蜜液，严重污染叶片和果实，往往引起煤污病的大发生，使蔬菜失去商品价值，但目前尚未见温室白粉虱传毒的报道。

(2) 烟粉虱：普通烟粉虱的危害症状与温室白粉虱相似，但前者的危害性要大些，能在 30 多种植物之间传播 70 多种病毒病。特别是 B 型烟粉虱引致的番茄、辣椒黄化曲叶病毒病已成为我国重大的病毒病害，被全世界称为“超级害虫”。若虫所分泌的唾液还能引起西葫芦、番茄、绿花菜的生理紊乱，造成西葫芦叶片沿叶脉变白或全叶变为银白色，俗称银叶病。此外，还引致西葫芦和番茄果实成熟不均匀，绿花菜白茎等症状。

2. 生活习性。

(1) 温室白粉虱：成虫飞动能力不强，一般在 1 米方圆的距离飞动，人工驱赶后基本再回到原处；成虫有强烈趋黄性，喜群集于植株上部嫩叶背面并在嫩叶上产卵，极不易脱落，并随着植株生长不断向上部叶片转移，最上部嫩叶以成虫和初产的淡黄色卵为最多，稍下部的叶片多为深褐色的卵，再下部依次为初龄若虫、老龄若虫、蛹。

不能在北方寒冷的露地及不加温大棚内越冬，在温室一年可发生 10 余代。早春随气温回升，温室内白粉虱逐渐向露地迁移扩散，7—8 月虫口最大，9 月中旬，随着气温下降又逐渐向温室内转移。由于温室、大棚和露地蔬菜生产紧密衔接和相互交错，可使温室白粉虱周年发生。

（2）烟粉虱：成虫产卵在嫩叶中，极不易脱落。一张叶片上可看到三种虫态，即卵、若虫和成虫。繁殖能力强，繁殖速度快，9—10月期间，20～25天可完成1代。

烟粉虱的发生规律基本同上，在北方温室可发生10余代，以各个虫态在温室蔬菜上越冬危害，第2年转向大棚及露地蔬菜上，成为初始虫源。春末夏初虫口数量上升，秋季上升迅速达到高峰，7月至9月下旬危害最重，10月下旬随着气温的下降，虫口数量逐渐减少。由于近年蔬菜面积逐渐扩大，全年种植蔬菜品种紧密交替，其危害逐年加重。在华南地区，1年发生约15代，伪蛹可在露地向阳面的杂草等寄主上越冬，发生期和为害期更长，世代重叠更为严重。

3. 防治方法。加强虫害的预防，狠抓秋、冬、春三季两种白粉虱虫源基地及蔬菜育苗棚室的治理，落实以农业措施为主的可持续综合防控措施。

（1）培育无虫苗。培育无虫苗是防治粉虱的关键措施。冬、春季育苗房与生产棚室分开；育苗前清除残株杂草，熏杀残余成虫；温暖季节的育苗棚在风口门窗覆盖60目防虫网，以确保培育无虫苗。

（2）避免保护地果菜类混栽。以免形成烟粉虱的桥梁作物；结合整枝打杈，摘除带虫老叶并带出田外妥善处理，以减少烟粉虱传播的范围。保护地秋冬茬种植芹菜、白菜、小白菜、叶用莴苣等粉虱非嗜食且耐寒的蔬菜，通常可免受粉虱危害。

（3）高温闷棚。在晴天将棚室密闭，使室温达到45～

48℃，相对湿度为90%以上，保持2小时，粉虱死亡率可以达到100%。

（4）黄板诱杀。在植株顶端悬挂黄板诱捕成虫和监测粉虱发生动态，同时可兼治斑潜蝇、蚜虫、蓟马等重要害虫。当板面粘满虫时，及时重涂粘油，一般7～10天重涂1次。

（5）保护和释放天敌。粉虱成虫发生密度较低时（平均每株少于0.1头），挂丽蚜小蜂蜂卡，每次释放丽蚜小蜂1 000～2 000头，隔7～10天挂1次，共挂5～7次。

（6）药剂防治。粉虱体表密被蜡质，繁殖快，世代重叠，药剂防治难度大，且已对许多化学药剂产生了抗性，但在发生初期合理用药仍是非常重要的应急防治手段。烟雾法：傍晚前在密闭的大棚内，每亩点燃15克的22%敌敌畏烟剂，可熏烟杀成虫。喷雾法：在粉虱发生较轻时及时喷药，要喷在叶片背面，并尽量避免成虫受到惊动飞移。药剂有1.8%阿维菌素类杀虫剂2 000～3 000倍液、6%绿浪乳油1 000倍液、40%绿菜宝乳油1 000倍液、25%扑虱灵可湿性粉剂1 000～1 500倍液、10%吡虫啉可湿性粉剂2 000倍液、2.5%天王星乳油1 000倍液、20%灭扫利乳油2 000倍液等，成虫消失后10天内再追杀1次，消灭新孵化若虫。

二、蚜虫

1. 危害特点和生活习性。蚜虫俗称腻虫，主要有桃蚜（烟蚜）、萝卜蚜和瓜蚜。危害番茄的以桃蚜为主，成群密生于叶背、顶端嫩茎心叶上刺吸汁液，造成卷叶皱缩、黄化停长等。蚜虫更是传毒媒介，特别是传播CMV等，危害极大。蚜虫一般以有翅蚜迁飞和无翅孤雌蚜无性繁殖来蔓延，在4.3～28℃温度环境下都可发生，但以24～25℃发育最快，北方每年发生10代左右，南方最高可达40代。世代重叠现象极重。随保护地蔬菜的发展，虫源常年不断。北方春、秋两季为虫群高峰，高温高湿不利繁衍，蚜虫一般趋黄色和橙色而避银灰色。

2. 防治方法。

（1）栽培防虫。收获后及时清理田园，在棚室门窗及通风口加网纱，播种前用大剂量敌敌畏烟剂熏蒸。培育无蚜苗，严禁带蚜出圃。

（2）黄板诱杀和银灰膜避蚜。将黄色或橙色塑料板或旧纤维板、硬纸板截成100厘米×20厘米长条，用油漆涂成橙黄色，再涂上4～5号机油，挂于行间顶部，每亩30～40块，每隔7～10天重涂1次，诱杀有翅蚜。或用银灰色地膜覆盖（亩用膜5千克），用10～15厘米宽银灰色薄膜（亩用膜1.5千克）横挂架顶避蚜。

（3）药剂防治。在棚室用22%敌敌畏烟剂，每亩用0.5千克熏杀。可喷50%抗蚜威可湿性粉剂、50%辟蚜雾可湿性粉剂、20%速灭杀丁乳油2 000～3 000倍液，或50%马拉硫磷乳油、40%乐果乳油、敌敌畏乳油1 000～1 500倍液喷到虫体上杀灭。

三、斑潜蝇

我国蔬菜斑潜蝇主要有4种：南美斑潜蝇、美洲斑潜蝇、番茄斑潜蝇和葱斑潜蝇，均属双翅目，潜蝇科。尤以前两种斑潜蝇危害严重，寄主范围十分广泛，严重危害茄科、葫芦科、豆科、十字花科、菊科等数十种蔬菜，以黄瓜、菜豆、番茄、白菜、油菜、芹菜、茼蒿、生菜等受害最重；番茄斑潜蝇偶尔发生，较少造成大面积危害；葱斑潜蝇是我国的自然种，主要寄主是葱、蒜等百合科蔬菜。

1. 危害特点。斑潜蝇的幼虫和成虫都可危害蔬菜，以幼虫危害为主。雌成虫刺伤叶片取食和产卵，幼虫在蔬菜叶片内取食叶肉，使叶片布满不规则白色潜道，造成叶片发黄、枯焦或脱落。

上述4种斑潜蝇幼虫危害时具不同的特点：(1) 南美斑潜蝇幼虫可在叶片上下表皮之间潜食叶肉，沿叶脉形成潜道，从叶面或叶背看潜道都不完整、时隐时现；(2) 美洲斑潜蝇幼虫从叶正面潜入叶片和叶柄危害，产生蛇形白色虫道，虫道终端逐渐变宽，一般不超过主脉，黑色虫粪交替排列在潜道两侧，透过叶面可看到幼虫轮廓。

2. 生活习性。

(1) 南美斑潜蝇。生活周期短，一年发生许多代。成虫晴天在叶片正面取食产卵，卵散产于已展开叶片的背面叶肉内，幼虫刚孵化就在叶片内危害形成潜道，一片小叶内可有不同虫龄的幼虫50余头。幼虫老熟后爬出虫道化蛹，刚羽化的成虫色淡、翅卷、不能飞，半小时后虫体硬化着色就起飞。

保护地和冬季温暖的地方无越冬现象，寒冬地区以蛹在寄主根部附近过冬，土表1厘米处蛹量最大。该虫不耐低温，适宜生长发育温度为20～25℃，适宜相对湿度为70%～95%。冬季温暖利于南美斑潜蝇的越冬与提早繁殖，来年发生早，危害重。一般4月上旬虫口数量开始上升，6—7月达最高峰，盛夏高温干旱期间数量减少，9—11月虫口回升为第2个危害高峰。12月至翌年3月数量剧减，2

月为最低。

（2）美洲斑潜蝇。世代短，全年发生约15代。成虫具有趋光、趋密、趋嫩和趋黄色的习性，在白天取食、交尾和产卵，成虫刺食叶片形成扇形或筒形凹陷的刻点，卵散产于刺伤点叶内，叶表呈球状微隆起。幼虫孵出后潜入叶肉内取食，老熟后咬破叶片表皮入土化蛹，蛹初为黄色再为黄褐色最后黑褐色。初羽化成虫仅见翅芽，双翅长过腹末后才可飞翔。

以蛹在土壤中越冬，但在南方温暖和北方温室条件下无越冬现象。各虫态生长发育的温度范围较宽，适宜温度为22～27℃，成虫耐高温的能力比南美斑潜蝇强，在40℃高温6～8小时后，仍有50%的成虫存活。通常保护地5—6月和露地8—9月是危害高峰，深秋、早春低温和盛夏高温时，虫口数量急剧减少。相对湿度60%～80%有利于繁殖，低于40%就显著影响幼虫化蛹、成虫羽化、取食和产卵。

3. 防治方法。采用严格检疫、农业防治、物理防治、生物防治与药剂防治相结合的方法。

（1）严格检疫。严禁从疫区引进蔬菜和花卉，引进蔬菜发现有斑潜蝇幼虫、卵或蛹时，要就地销毁，以防扩大蔓延。

（2）农业防治。蔬菜布局要合理，把斑潜蝇嗜好的瓜类、茄果类、豆类与其不为害的作物进行套种或轮作：最好水旱轮作，采取菜—稻—菜耕作制度；深翻土壤，起垄开沟，将蛹埋入土壤下层，使其不能羽化；适当疏植，增加田间通透性；种植前彻底清除菜田内外杂草；在保护地的通风口处设置60目防虫网，防止斑潜蝇飞迁；育苗移栽时，人工摘除有虫叶片：收获后清除残株沤肥或烧毁。

（3）物理防治。冬季将土壤暴露在冰天雪地7～10天，消灭越冬虫源：夏季高温换茬时，消除棚内植株残余，灌水后覆盖薄膜，高温闷棚7～10天，土温可达60～70℃，能大大减少土中虫源；在温室、大棚内每隔2米悬挂1片黄色诱集板于作物顶端略高10厘米处，黄板上涂凡士林和林丹粉的混合物诱杀成虫。

（4）生物防治。在棚内释放姬小蜂、离颚茧蜂、潜蝇茧蜂等寄生蜂对斑潜蝇防治率较高。同时要保护好自然界的天敌。

（5）药剂防治。抓紧早施药，即在苗期有少量叶片被害时重点挑治，成虫高峰期后5天是防治幼虫的关键期，选用高效、低毒、低残留的药剂，每隔5～7天喷药1次，连喷2～3次可有效控制危害。药剂选用50%速灭杀丁1 000倍液、5%高效氯氰菊酯1 000倍液、25%喹硫磷乳油1 000倍液防治成虫；20%灭扫利乳油2 000倍液、5%来福灵乳油2 000倍液、2.5%功夫乳油2 000倍液、50%辛硫磷乳油1 000～1 200倍液、1.8%阿巴丁（爱福丁）乳油3 000倍液、1.8%害极灭乳油3 000倍液等防治幼虫。防治美洲斑潜蝇和番茄斑潜蝇，叶正面喷雾，而南美斑潜蝇则需叶正反两面进行喷雾。为提高药效，可在药液中加入一些黏着剂或有机硅助剂。

另外，保护地内斑潜蝇成虫盛发期可用烟剂熏杀，每亩用10%敌敌畏烟剂500克，或氰戊菊酯等，见效快，但需连续熏杀2～3次。药剂防治面临的最大挑战是B型烟粉虱对大多数有机磷和除虫菊酯类农药能很快地产生抗药性。为此，必须严格掌握用药间隔和轮换交替用药，以减少药剂残留和延缓产生抗药性。

四、茶黄螨

1. 危害特点与生活习性。螨体小，肉眼难辨。以成虫和幼螨吸嫩芽嫩叶汁液，使叶背呈黄褐油亮、叶片变窄、叶缘下卷、竖纹僵直、顶部嫩茎叶变黄褐色、扭曲畸形甚至干枯，同时花蕾不展难以坐果，使幼果果皮变为黄褐色、无光泽，木栓化，果实开裂。茎叶危害与病毒病、生长素害、生理卷叶相似。茶黄螨喜温暖潮湿，且趋嫩性极强。在温度为16～32℃，空气相对湿度为80％～90％条件下，繁殖极快，要及早防治。主要在温室内越冬，少数雌成螨也可在越冬作物或杂草根部越冬。靠爬行、风力、移栽传播。

2. 防治方法。

（1）消灭越冬螨、培育无螨苗。拉秧后清理田园，施大量杀螨剂，清洁环境。拔除带螨苗再定植。

（2）药剂防治。以治早、治卵为主，可用尼索朗乳油2 000倍液杀卵和幼螨，在刚发现虫的傍晚喷施。大发生时，用45％硫胶悬剂300倍液、20％浏阳霉素1 500倍液、73％克螨特乳油2 000倍液、25％灭螨猛可湿性粉剂1 500倍液等轮换喷杀。目前，三氯杀螨醇、敌敌畏乳油、马拉硫磷乳油、乐果、氧化乐果等均已对茶黄螨无效，不宜再用。

五、棉铃虫

1. 危害特点与生活习性。危害番茄的钻心虫，主要是棉铃虫和烟青虫。全国普遍发生，其食性极杂。3龄前幼虫蛀食花蕾、嫩茎、嫩叶，3龄后钻蛀果实，使果内充满虫粪，遇雨水，病果腐烂落果。每虫转果3～8个，并蛀茎危害。该虫为完全变态，以蛹在土中越冬。华北地区每年发生4代。第1代幼虫5月中旬至6月中旬为害，第2代幼虫7月（烟青虫第2代主害青椒）为害，第3代幼虫9—10月为害，第4代老熟幼虫产生滞育蛹，于10月底钻入土中越冬。该虫喜温喜湿，温度为25～28℃，空气相对湿度为75%～90%，最适幼虫发育，在多雨夏季及棚室发生最重。

2. 防治方法。

（1）农业综合防治。清理田园，冬翻冬灌，及时整枝打杈，摘除虫叶、虫果等；每50亩设黑光灯一盏，下置水盆（或药水）诱杀成虫；用70～100厘米长鲜杨树枝或柳树枝10根1捆，每亩10捆插于田间，每隔5～6天换1次，在清晨露水未干时，用塑料袋套住枝把，在6—7月捕杀成虫。

（2）生物防治。在产卵高峰后3天和后6天，每亩喷B.t乳剂250～300倍液或棉铃虫多角体病毒2次，对杀3龄前幼虫效果明显，或在产卵早、中、后三期每次每亩释放赤眼蜂1.5万头寄杀虫卵。

（3）药剂防治。在产卵盛期和2龄幼虫前喷50%杀螟松乳油、50%辛硫磷乳油、25%增效喹硫磷乳油、90%晶体敌百虫1 000倍液，或除虫菊酯类药物，如天王星乳油3 000倍液，或功夫乳油5 000倍液等，每隔7天喷1次，共喷2次。

第八章

番茄采种制种技术

一、充分了解番茄的开花结果特性

番茄每一朵花的开放过程可分为：

1. 花蕾期。从显蕾到花药裂开之前，整个花为绿色。

2. 露冠期。从花萼开裂到花冠开裂成 30°左右时，花冠露顶雄蕊为淡绿色。

3. 半开期。花冠开放 40°～60°时，花瓣浅黄，雄蕊黄绿色，花粉未散出之前，去雄时间以花冠开放 45°时最适，此时花较大易去雄，去雄后也不致影响花的发育。

4. 开放期。花萼平伸，尖部稍反卷，花冠开放 90°左右时（花瓣开平），雄蕊已变成鲜黄色，开始纵裂散粉，此时为采集父本花粉适期和母本授粉适期。

5. 盛开期。花萼、花冠反卷，雄蕊呈橘黄色、大量开裂散飞，再后，子房膨大雄蕊脱落。番茄从开花到盛花可维持 3～4 天。番茄开花程序如图 8—1 所示。

番茄在温度低于 15℃条件下就停止开花；温度高于 35℃，花粉发芽受阻，常发生落花；温度在 25℃左右，花粉发芽最好。花粉在通常室温下保持 3～4 天，仍能正常发芽；在室温干燥器内可保持 7 天；在温度为 4～5℃的冰箱中，将花粉放入干燥器中可保存 1 个月，随用随取；在 0℃的干燥器内能保存 6 个月；在温度为－20℃条件下，能保持 2～3 年。但以当天开放的新鲜花粉授粉结实率最高。

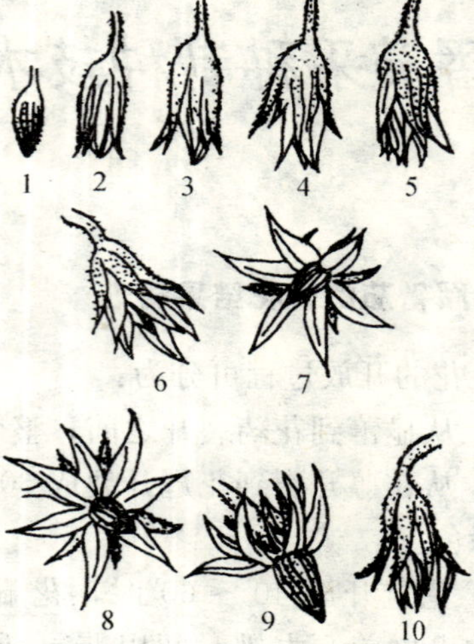

图 8—1　番茄开花程序

1—花蕾　2—露冠　3—花瓣伸长　4—花瓣微开
5—花瓣渐开（30°）　6—花瓣再开（60°）　7—花瓣更开（90°）
8—花瓣展开（180°）　9—花瓣反卷（盛开）　10—花瓣萎缩（花闭）

二、杂交制种技术

1. 备齐杂交制种用具。杂交制种的目的、方法和设备条件不同，所需用具也不同。根据去雄、花粉采集、干燥、储藏、授粉、防杂、标记等环节，因地制宜地做好准备，如小型医用眼科镊子，可用于去雄、采集父本花药、杂交授粉等；花粉容器用来盛装采集来的父本花药，在此干燥弄出花粉，可用瓶、罐、盆等；花粉干燥器可用一般玻璃干燥器，内装变色硅胶干燥剂，用于干燥储藏花粉；花粉筛取器具可用“振动筛式取粉器”或用 100～150 目的筛网等将花粉和破碎的雄蕊分开；授粉器可自制玻璃授粉管、铅笔橡皮头或自制带铁丝的三角橡皮头，也可用食指蘸取花粉代替授粉器具；防杂用的70％卫生酒精、脱脂棉用于消毒，除去非目的杂交的其他花粉；在做杂交组合去雄后和每次授粉后均需套袋，直到一序杂交果全部坐住，纸袋可用硫酸纸制作，在大面积制种时可不用纸袋。另外在做杂交组合时，还需用曲别针、纸牌、铅笔等。有条件的可用电动采粉器采粉，电冰箱储存花粉，烘干箱制备干燥花粉等。

2. 杂交制种时期及植株调整。番茄在温度为15～28℃范围内，花粉都能发芽，授粉有效。北京地区春露地制种，在5月10日至6月10日的1个月内可全天授粉。环境条件适合和父母本花期相遇是开始制种的前提条件，调整花期相遇，除根据开花习性调整播种期外，也可对父母本进行植株调整以缓和矛盾，如母本已开花，父本还未开，可将母本第1穗花序打去，从第2穗花开始制种，以躲开早春不良环境条件和等待父本。制种前再检查一遍纯度：如发现杂株或可疑株立即拔除，特别是父本有一株不纯则影响极大。制种前将亲本不用的侧杈打掉。

3. 花粉采集和制取。能否及时采制出数量充足、生活力强的父本花粉是影响制种成败的关键之一，应十分注意。采集父本花药要在父本田间选当日盛开或虽已开过但雄蕊仍较新鲜的花，全部采下剥其雄蕊或单取雄蕊（若同时要留父本则需给摘去雄蕊后的花朵自交授粉）。大面积制种时，10亩母本制种田需3～5人采摘父本花粉。父、母本配植比例视父、母本开花特性而异，一般为3∶1或4∶1，每10亩制种田需种父本2.5～3亩。花药采集后需要将其干燥，取出花粉。干燥方法可在无风、弱光自然条件下，摊开晾晒4～5小时或用干燥器、烘箱干燥。烘箱干燥时，在温度为32℃条件下傍晚放入，第2天早晨即可干燥。无论用何种办法，在制干花粉过程中，温度不要超过35℃，否则会使花粉丧失发芽力。花药干燥后如量很大，可用“振动筛式取粉机”或用100～150目的尼龙或铜丝罗网筛取。干燥后的花粉可立即用于授粉，在一般室温下也可用3～4天，如将花粉放入干燥器中，温度保持3～5℃可储存一个月，随时取用。但以当日取的新鲜花粉授粉效果最好。

4. 去雄。去雄质量好坏，直接影响着制种是否纯正及杂交种产量。去雄前先将已超过去雄时间的花和严重畸形花摘除。去雄时期以花瓣张开45°左右，雄蕊仍为黄绿色时最适，小至露冠，大至花粉未散出之前都可。但去雄过早影响花的正常发育，柱头易过早干枯，也不便操作。去雄过晚如正散粉则造成假杂种，达不到制种目的。即使未散粉，但距散粉时间过短，实际操作较难掌握，一般选用开放前2天的花去雄为好。去雄时左手拿蕾，右手拿镊子从雄蕊药筒一侧的偏旁插入，夹住部分雄蕊向外掰下，然后将剩余一侧花药除净。注意不要碰伤雌蕊的任何部位，万一碰断柱头则将此花摘除。

5. 授粉。如父本花粉纯正，授粉质量好坏直接影响着杂交果坐果率及杂交种子的多少。一般去雄后隔日授粉，这时花正值开放，花瓣平展鲜黄，柱头新鲜，黏液多，易于接受花粉和适于花粉发芽，坐果率高，但在开花前后2天之内都可授粉。一朵花授粉时期可维持3～5天，1个花序可维持10～15天。每株留3～4穗，在1个月内即可完成。授粉时，左手拿花，右手拿沾满花粉的授粉器具，将花粉轻轻沾在柱头上，花粉量要足。授粉时一定不要折断柱头。一般 1 次足量授粉即可，也可根据情况次日重复授粉 1 次，若授粉后遇雨一定要重复授粉。在授粉时先去掉 2 片萼片，然后立即授粉以做授粉的标记。若两次授粉，也可 1 次去掉 1 片。去萼片时不要完全掰下，留 1/3 左右，以保护幼果发育，但若去得太少，则果实成长后标记不明显，容易弄错。大量制种，对全部有效花授粉，可不用去萼标志。

授粉质量好，不但杂交果坐果率高，而且每个果实中的种子数也多，同一品种，一般 300～400 千克果实可采 1 千克杂交种子；授粉质量高的 250 千克果实就可采 1 千克种子；授粉差的要 600 千克果实才能采 1 千克种子。

江苏省南京市宣武区，采用的手指去雄掐萼授粉一次完成的方法，授粉速度快，在当地制种效果也很好。具体方法是用食指醮取花粉，选较大花蕾左手拿花，右手拇指和中指尖掐住两片花萼花冠及雄蕊的一侧向上拔除，接着用食指上的花粉轻轻抹在柱头上，这种方法可以试用。

6. 挂牌、套袋。隔离条件好的大面积制种田，不用挂牌和套袋。在做小量制种，隔离条件不好或做杂交组合试验时，在去雄后要挂牌、套袋。每次授粉时拆下再套上，且要套严，防止花粉互相感染。套袋时用半透明的硫酸纸袋较好，在袋上部剪口挖洞套住整个花序及邻近茎秆，用曲别针封口固定，并把纸牌字面朝里卡住，以防风吹纸牌拉动花序等。

三、杂交制种保纯措施

杂交制种的纯度是整个制种成败的生命线，如制出的杂交种不纯，就会降低杂优利用的意义，费工费时，造成生产亏损和降低杂种本身和制种单位的信誉。提高杂种制种纯度的具体方法如下：

1. 选用纯正的亲本，最好用原研制单位供应的亲本原种。

2. 制种田及父本与其他番茄品种间隔距离一般应在50米以上，若中间有高秆作物也可缩短间隔距离至20米以上。

3. 定期除杂。在播种时要严格分清父、母本，在分苗期、定植期、杂交前、坐果后、成熟显色后严格拔除杂株，不同时期可根据父、母本不断看出的标志特征进行鉴别，如在分苗期、定植期可看叶型、茎色、NV型等；在杂交前可看株型、花序状况；杂交后可看果型；成熟显色时可看果实颜色等。如发现杂株或可疑株应立即拔除。

4. 严格各操作环节，特别是播种、分苗、定植不要弄乱。去雄前摘净过期花，去雄完全彻底。取药制粉、授粉时，不使花粉混杂。换组合时，用具要用酒精消毒，每花序及全株授完粉后将各花序多余的花蕾全部去净。每次授粉做好标记。收果时只收有标记的果。制种中，开果、发酵、淘籽、晾晒、装袋等都要专用专收。制种各级人员，一定要加强责任心。严格掌握各环节，才能保证种子纯度，生产出高质量的合格种子。

四、提高杂交种子产量的田间管理措施

1. 正确掌握父、母本播期，培育壮苗。根据父本、母本开花特性，用播期调节花期，如一般NV型植株，前期生长慢，开花较晚，可将播期提前15天左右，若母本比父本早熟，就早播父本，使授粉时有足量的花粉。杂交制种是以种子产量为目的，早熟性要求不像丰产栽培那样严格，

所以播期不宜过早，北京地区阳畦播种可在2月中旬。根据父本不同情况，可采取提前播种或早期覆盖、提前定植等措施。

2. 栽培管理与除杂。杂交种子生产田与一般番茄原种生产田栽培管理要求基本相同：要培育壮苗、稳定通过终霜期后定植、土地和地力要均匀、与茄科作物轮茬换茬4～5年以上、排灌方便、适度施用氮肥、重视磷钾肥比例、及时防治病虫鸟害等。

为了制种时的操作方便，母本田可适当增加畦宽或定植时采用宽窄行。为增加父本花数，可不整枝，制种结束后，拔除父本种下茬或对剩余的花整枝留种。

在分苗前、定植前、杂交前，对父本、母本植株，按标志性状或特点进行严格去杂，发现杂株即刻拔除，果实显色后若发现父本杂株，除立即拔除外，此批父本不能留种再做亲本，对其所制的杂交种子也应降级处理，严重者不能作为该杂种种子销售。采收前，需根据果实形状、颜色等做最后一次母本田的去杂。

杂交亲本原种生产要求与稳定品种相同，但必须与制种田分开进行，也可用大面积套袋自交办法生产亲本原原种。

杂交种双亲每使用3～5代，应用其原一代杂种与新制的杂交种进行对照比较，以检验亲本生产性能。若新制种比原一代杂种显著变劣者，其双亲就不能继续做原种繁殖，应换用符合亲本原种标准的种子生产亲本。

3. 种果采收。在果实完熟期采收。注意杂种果标记，无标记或标记不清的及落地果一律不收为种果。

过熟果或发育不良的杂交果应单收。如果发芽率达到标准，可与好种混合，否则不收为种果，病果一律不收为种果。

4. 种子调制。杂种果采收后横剖果面将种子及胎座胶状物挤到非铁制容器内发酵，发酵时间根据当时的温度来确定，发酵时间一般约为1～2天，发酵程度以果汁与种子分离能够清洗，但种皮不发灰、黑为止。发酵时要防雨、防水、防蝇。

洗净的种子在筛内或晒场晒干，要防暴晒与烫籽，不要把种子放在水泥晒场或铁器上，以防降低种子质量，标好品种、名称与采取年月。

待种子含水量达8%以下即可装袋入库，种子库要设专人负责，种子应放低温干燥处保存，注意防混、防潮、防火、防鼠、防虫等，做好种子储存保管工作，并经常检查，确保种子质量。

5. 杂种种子检验和签证。杂交种子收获后，选取有代表性的种子样品50克，送种子检验部门进行室内和田间检验。

杂交种子的各项质量标准均达到要求时，即可签发种子检验合格证书。通过病虫害检疫，发检疫合格证。通过省市级以上农作物品种审定委员会鉴定，发给鉴定证书。

第九章

番茄采收、分级包装和运输储藏

§9—1 番茄采收

番茄以果实为产品，采收后的果实仍是活体，继续着生命活动。一般可根据番茄的成熟特性和采后目的不同来决定番茄的采收时期。番茄成熟可分 5 个时期：

1. 未熟期（也称果实膨大期）。果面青绿无光泽，采收后不能自然着色，此期不宜采收。

2. 绿熟期（也称白熟期）。果实已充分膨大，体积不再增长，果顶及果面大部变白，果实坚硬，果顶内部果肉即将变色，此时采收后可自然完熟，品质也可接近植株成熟，此时采收适于长期储藏和远途运输。此期种子已具发芽力，在特殊情况下也可留种。

3. 黄熟期（也叫转色期）。果实顶部 50%～70%、整个果面 30%左右已显色，此时采收适于上市及较长储运。

4. 成熟期（也称坚熟期）。除果实肩部以外的果面都已着色，有光泽，但果未变软，此期采收适于立即上市及炒菜鲜食，不宜远运和储藏。

5. 完熟期。果面全部着色，色泽更艳，充分显示果色特征，果肉软化，此期采收适于即刻上市和鲜食，不宜储运。加工番茄可以采收，运往工厂做酱汁生产原料。

采收时要轻拿轻放，去掉花萼或剪短果梗，不能高出果洼，以防码放中刮伤果皮。罐藏及樱桃番茄要去净果梗花萼。整穗樱桃番茄采收也应达到成熟或完熟期。采收期不能着雨水，保护地番茄采收前不能受冷害和冻害。

§9—2 番茄果实的分级与包装

一、挑选与分级

果实采收后需立即挑选无病虫损伤及符合商品要求的果，按一定品质和重量标准进行机械或人工分级，使分级后的产品在大小、品质、色泽、清洁度等方面基本一致，以便于销售、运藏中分别管理和按质论价。挑选的基本要求是具有该品种特有的色泽及整体形状、无腐烂变质、果实表面干净、适宜成熟度、无病虫损伤。对入选果实再行分级，一般分为特级、一级和二级。特级果在果中为最好的，形正色鲜、无裂果、无褪色斑、无冷害冻害等；一级果只许个别果轻微变形、轻微环裂（樱桃番茄无裂果）及色泽稍差，但不空，无伤；二级果可有某些外表或内部缺陷，但商品价值仍好。果实重量标准可分级，特大果200克以上，大果150～200克，中果100～150克，小果100克以下。樱桃番茄可分大樱桃25～40克、中樱桃15～25克、小樱桃4～15克。番茄达到质量标准，但不符合等级及重量标准范围的可做等外商品处理。

二、包装

为便于运输、储藏、上市等，对果实应进行包装。包装容器通常采用波纹厚纸箱、普通纸箱、塑料筐、木箱、竹筐、荆条筐等。荆条筐和竹筐成本低，但易变形，应内衬蒲包等。木板木条箱坚固，可高层码放但成本高。塑料筐可高层码放，易清洗，可多次利用，但回空运输体积大，多用于近距离运输。纸箱轻，有气孔还可有格子板，对果实保护最好，可折叠，回运方便，但每箱不宜超过 20 千克。外包装上应注明品种、产地、等级大小、重量或个数、生产单位或商标。

§9—3 番茄运输及销售保鲜

一、预冷处理

番茄采收后应尽快冷却到适宜低温，以降低田间呼吸热。可放空房或阴凉处自然冷却，但降温慢，预冷效果差。在有制冷设备的冷库预冷最好，码放中需注意空气流通。从采收到预冷间隔时间越短越好，降温速度越快越好，预冷后的番茄运输、储藏均可。

二、番茄运输

番茄运输要尽量速度快、时间短，以减少运输中不利环境条件的影响。通常分常温、保温和控温运输 3 种。一般汽车、火车、轮船为常温运输，在自然温度不太冷和不太热时，做短中距离运输；保温运输冬季利用呼吸热，夏季经预冷后放入保温车中可做中短距离运输；控温运输是在隔热良好的运输工具中再加降温和加温设备，黄熟期果维持 11～13℃，成熟果维持 7～10℃，空气相对湿度维持 90%，可在任何季节长距离运输。任何方式运输中都要注意防震、轻装轻卸，包装以不超过 20 千克为宜，筐箱码稳留缝，便于通风散热。上市保鲜可用塑料托盘，装番茄后封薄膜，或将番茄装入膜袋中放于托盘，在膜袋上打几个0.5～0.8厘米的小孔，以利换气。销售过程中，要防挤压、防高温或防冷害冻害。

§9—4 番茄储藏

番茄在常温下极易变质腐烂，为延长番茄供应期，特别是想将在成本低的适季生产的番茄，能在反季节供应（例如将秋延后收下的番茄储藏至新年春节上市，以增加产值），就必须对番茄进行保鲜储藏。通常的储藏方法有下列几种。

一、温室堆藏

将秋延后大棚番茄采收后放在遮光的日光温室或玻璃温室里，地上铺一层薄膜或稻草，堆放4～5层绿熟番茄，每堆大小为宽1米、长4米、高30厘米左右，每堆堆放番茄约500千克。储藏前期晴天中午应盖蒲席降温防晒；后期室温过低时需生火加温，控制在11～13℃。一般每周检查1次，挑出成熟果和不宜继续储藏的果分别上市，可储藏30～40天，后期仍难转红的可用乙烯利催熟上市结束储藏，催熟可用2 000～3 000 ppm乙烯利溶液浸一下番茄，保持22～25℃，盖好薄膜3～5天转红。

二、窖藏

一般用于储存秋大棚番茄，在棚内温度降至0℃前采收，挑成熟果上市，选出绿熟到黄熟期未受冷冻及其他伤害、不带病、不畸形裂果，能做商品的果准备窖藏。窖藏关键是建好保温性能良好的窖。窖深因地而异，北京地区1米深土层平均温度11月为12～14℃，12月为6～8℃，接近储藏适温，因此，北京秋冬季用深1米的半地下式窖为宜。窖四周及顶覆土50厘米以上，窖顶中央每3米设一直径15厘米的通风筒，南边开门，既利于通风又利于保温。窖内设空气加热线，11月下旬窖温降到10℃左右时，夜间加温，白天停止，保持温度11～13℃、空气相对湿度90％左右。窖藏前期通风孔昼关夜开以利降温。在窖内可架藏、筐藏和自发气调储藏等。架藏用竹木结构，搭成架宽0.7～1米、长2～3米的多层架，上铺薄膜和双层纸，摆放3～4层番茄，再盖1～2层纸和薄膜。当上层出现水滴时要开膜通风。筐藏番茄要将筐码堆，定期检查，成熟者上市。为防止番茄腐烂可用棉球或布条，按每千克番茄蘸取0.05毫升仲丁胺或0.1～0.2毫升克霉灵（50％仲丁胺）放在架上或挂在筐缝处，闭窖熏蒸24小时。

三、通风库储藏

通风库是将土窖加以改进，形成隔热结构良好和完备通风装置的永久性库房。通风库是利用秋冬季自然气温来调节储藏温度。通风库分地上式、地下式或半地下式3种。地上式通风库降温快但保温差，受气温变化影响较大，要求有良好的隔热结构，适于冬季较暖和、地下水位高的地区使用。地下式通风库库体全在地下，仅库顶露出地面，保温性好，但通风降温效果差，特别是入库初期降温慢，多用于严寒地区。半地下式介于两者之间，适用于冬季不太寒冷及地下水位偏高地区。

番茄采收后，先放于通风好的空房或遮阴处预冷，以散去田间热，剔除病虫伤裂畸形及成熟度不适合储藏的果实。可用架、筐或自发气调储藏果实。在库地面铺一层0.1～0.2毫米厚的塑料膜，上放垫木或砖，中间撒一层优质消石灰，用量为欲储番茄量的1%，以吸收番茄呼吸放出的二氧化碳。将番茄筐花码在垫木或砖上，可码4～5层。也可在薄膜上放菜架或散码。一般每架或每堆500～1 000千克，摆好后，用预先备好的帐子罩住，在帐内加适量漂白粉或仲丁胺防病。番茄占帐内空间75%，然后将帐边与底膜边卷起压紧密封。由于番茄呼吸作用消耗氧而放出二氧化碳，放出的二氧化碳会被消石灰吸收，一般二氧化碳浓度不会太高。一般保持氧气和二氧化碳各占2%～5%为宜，但当氧气降到2%～3%时，应用鼓风机补充新鲜空气，以使帐内氧气升到4%～5%。一般每天气调1次。检验气体可用奥氏气体分析仪或CH-2型氧气、二氧化碳气体分析仪。每10～15天开帐检查1次，并更换漂白粉或仲丁胺等防腐剂。窖内温度可通过通风口关闭的时间长短及远红外线加热器或加温线调节至11～13℃范围内。

四、冷库气调机储藏

在冷库内用气调机储藏效果最好。码垛封帐基本和通风储藏库相同。膜帐厚0.2～0.23毫米，每垛500～2 000千克。在密封帐两端各设管道，分别连接气调机进出口，形成封闭的内循环气路。开机时，帐内气体由压缩机送入吸附塔，将氧气和氮气分离开，从而得到低氧高氮气体。通过调节气体流量保持氧气5%，停机2小时后，氧气降至2%～3%，二氧化碳升至1%～2%时再开机并引入少量空